KU-492-206

COLECCIÓN
LECTURAS CLÁSICAS GRADUADAS

Don Quijote de la Mancha (I)

Miguel de Cervantes

Nivel III

GRUPO DIDASCALIA, S.A.
Plaza C...
TEL.: (...

022462

Director de la colección:
A. González Hermoso

***

Adaptador de ***Don Quijote de la Mancha (I):***
J. R. Cuenot

***

La versión adaptada sigue la edición de *El ingenioso hidalgo Don Quijote de la Mancha (I)*, de Miguel de Cervantes, Editorial Castalia, S. A., Madrid 1987.

1ª Edición: 1995
1ª Reimpresión: 1996
2ª Reimpresión: 1998
3ª Reimpresión: 1998
4ª Reimpresión: 1999
5ª Reimpresión: 1999
6ª Reimpresión: 2000

Dirección y coordinación editorial:
Pilar Jiménez Gazapo
Adjunta dirección y coordinación editorial:
Ana Calle Fernández

Diseño de cubierta, maquetación:
Departamento de imagen EDELSA
Fotocomposición: Fotocomposición Crisol, S.A.
Fotografía portada: J. R. Brotons
Filmación: Alef de Bronce
Imprenta: Pimakius

© 1995, EDITORIAL EDELSA grupo Didascalia, S. A.

I.S.B.N.: 84-7711-097-2
I.S.B.N. (de la colección): 84-7711-103-0
Depósito legal: M-23506-2000
Impreso en España
Printed in Spain

Reservados todos los derechos. De conformidad con lo dispuesto en el Art. 534-bis a) y siguientes del Código Penal vigente, podrán ser castigados con penas de multa y privación de libertad quienes reprodujeren o plagiaren, en todo o en parte, una obra literaria, artística o científica, fijada en cualquier tipo de soporte, sin preceptiva autorización.

2

Desde los primeros momentos del aprendizaje del español, el estudiante extranjero se siente atraído por los grandes nombres de la literatura en español, pero, evidentemente, no puede leer sus obras en versión original.

De ahí el objetivo de esta colección de adaptar grandes obras de la literatura en lengua española a los diferentes niveles del aprendizaje: elemental, intermedio, avanzado.

En todos los títulos hay:

- Una breve **presentación** de la vida y obra del autor.

- Una **adaptación** de la obra con las características siguientes:
    - mantener los elementos importantes de la narración y la acción;
    - conservar todo lo más posible las palabras y construcciones del autor según el nivel (I, II, III) de la adaptación;
    - sustituir construcciones sintácticas y términos léxicos que sean difíciles o de poco uso en la actualidad.

- Una **selección** de partes significativas de la obra en **versión original**. El lector, una vez leída la adaptación, puede seguir así los momentos principales del relato.

- La **lista de palabras** de la obra adaptada, agrupando en la misma entrada a las de la misma familia léxica. El lector puede elaborar así su propio diccionario.

- Una **guía de comprensión lectora** que ayuda a elaborar la **ficha resumen** de la lectura del libro.

Y en algunos títulos hay:

- Una casete audio que permite trabajar la comprensión oral.

- Una casete vídeo en versión original que complementa la lectura.

La colección de **Lecturas clásicas graduadas** pretende que el lector disfrute con ellas y que de ahí pase a la obra literaria íntegra y original.

C
e
r
v
a
n
t
e
s

Vida

Escritor español nacido en 1547 en Alcalá de Henares (Comunidad de Madrid).

Pasó la niñez de ciudad en ciudad, con su familia, huyendo de las deudas, aunque parece ser que estudió en los jesuitas de Córdoba o Sevilla.

Fue soldado y combatió en la batalla de Lepanto (1571), donde resultó herido y quedó inútil del brazo izquierdo. Por su valor y buen comportamiento consiguió cartas para ser nombrado capitán a su vuelta a España, pero los piratas argelinos lo apresaron en 1575 y fue rescatado cinco años más tarde.

Al llegar a Madrid intentó conseguir algún cargo militar, y al no lograr nada importante trató de vivir de sus escritos, pero no tuvo éxito.

Se casó en 1584 con doña Catalina de Salazar, 19 años más joven que él, pero el matrimonio fracasó.

A la muerte de su padre se hizo cargo de toda la familia, y en 1587 consigue ser nombrado comisario encargado de comprar y requisar provisiones para la Armada conocida después como la *Invencible*.

Se vio en frecuentes dificultades económicas y fue encarcelado varias veces.

En contrapartida a sus desgracias se publicó en 1605 la que es obra cumbre de la literatura española: *Don Quijote de la Mancha,* novela que obtuvo un gran éxito; se multiplicaron las ediciones y dio la fama a su autor.

A partir de entonces, Cervantes se instaló en Madrid, donde frecuentó las academias y círculos literarios de la capital. Algunos nobles y cardenales importantes le ayudaron económicamente y al final de su vida pudo adquirir cierta estabilidad.

Murió en Madrid en 1616, aunque se desconoce con exactitud el lugar donde está enterrado.

Obra

-dramática y en verso

Cervantes empezó a escribir estando cautivo en Argel, donde compuso obras de teatro para divertir a sus compañeros presos. A su regreso a España escribió cierto número de piezas teatrales, de las que sólo nos han llegado dos, *Numancia* y *El trato de Argel*. La primera de ellas es la mejor tragedia del teatro español.

Durante toda su vida continuó publicando poesía; casi todos sus poemas son elogios de libros de otros autores (como el titulado *Viaje al Parnaso*) o están incluidos en sus obras en prosa. Él se sentía orgulloso de ser poeta, pero la mayoría de sus poemas son mediocres.

C

e

r

v

a

n

t

e

s

-en prosa

La Galatea
El ingenioso hidalgo don Quijote de la Mancha
Ocho comedias y ocho entremeses nuevos
Los trabajos de Persiles y Segismunda
Novelas ejemplares

En 1613 Cervantes publica una obra compuesta por doce relatos cortos, algunos de ellos escritos años antes, que titula *Novelas ejemplares*. Probablemente este libro hubiera bastado para otorgarle un puesto de honor en la literatura española.

Todas las novelas se refieren en cierto modo al bien y al mal, la mayoría de ellas al amor, o por lo menos a las relaciones sexuales. Cervantes quería divertir y enseñar a la vez, por eso las califica de ejemplares, porque muestran ejemplos que evitar o imitar, aunque no todas ellas son modelo de moral.

Don Quijote de la Mancha

• Para entender mejor esta obra hay que saber algo de **la caballería** y **los libros de caballería.**

A principios del siglo XI la sociedad europea tiene tres clases sociales: los trabajadores, los hombres de iglesia y los guerreros.

Estos últimos tienen que ayudar con sus armas a que el reino de Dios se instale en la tierra. La Iglesia está de acuerdo con esta misión. Y así aparece un ideal de vida aristocrático y guerrero.

En el siglo XII este movimiento se desarrolla y la vida del caballero sigue unos modelos establecidos. En una ceremonia que lo inicia en esta vida, vela sus armas y es armado caballero por un padrino.

La literatura desarrolló el aspecto aventurero e idealista de las acciones de los caballeros y fijó los ideales caballerescos: hacer proezas guerreras, vivir poco pendiente de las cosas materiales, ser fiel a la dama amada y ayudar a quienes lo necesitan, sobre todo si se trata de cualquier mujer o hija de caballero.

A partir del XIV **las novelas de caballería**, que cuentan estas historias, tienen un gran éxito y son conocidas por toda Europa.

Entre todas estas obras, que son muchísimas, y a veces tienen autor desconocido, destacan *Amadís de Gaula* -obra en castellano, considerada como prototipo de muchas otras- y *Tirante el Blanco*, escrita en catalán. En la guerra de libros que el cura y el barbero hacen, para que Don Quijote no lea más y sane de su locura, se habla de estas dos novelas.

En el siglo XVI la moda de los libros de caballería es objeto de muchas críticas y así *Don Quijote de la Mancha* viene a ser el último de este género. Por una parte es una parodia destructora y, por otra, una última tentativa de perpetuar el ideal caballeresco.

- El Quijote (I y II)

Al oír este nombre, ¿quién no ve inmediatamente la silueta de un hombre alto y delgado -Don Quijote- y a su lado la de otro hombre, bajo y grueso -Sancho Panza?

La primera parte de esta novela se publicó en Madrid en 1605.

La segunda, diez años después.

El protagonista es Don Alonso Quijano, un hidalgo de la región española de La Mancha -que es un apasionado lector de libros de caballería.

De tanto leer pierde la razón, y la confusión entre fantasía y realidad le lleva a querer recorrer el mundo en busca de aventuras, convertido en caballero andante.

Como caballero debe adoptar un nombre sonoro: Don Quijote de La Mancha; tener un caballo también con nombre sonoro: Rocinante; y una dama, dueña de su amor y sus pensamientos: Dulcinea del Toboso. Una vez armado caballero tendrá un escudero: el aldeano Sancho Panza.

Trata de arreglar todo lo que cree que está mal y va de aventura en aventura a cual más desdichada.

La primera parte -de la que trata la presente adaptación- tiene episodios conocidos en el mundo entero: los molinos, la quema de libros, el yelmo de Mambrino, el bálsamo de Fierabrás, el manteo de Sancho, las batallas con los rebaños de corderos y con los pellejos de vino, etc.

A la acción central con estos conocidos episodios se le mezclan varios relatos cortos que son novelitas dentro de la novela y que tienen independencia por sí solas.

La segunda parte está considerada más perfecta que la primera. Se trata de ella en la adaptación que se ofrece en esta misma colección.

- El Quijote tuvo mucho éxito desde que se publicó.

Su autor vio la salida de dieciséis ediciones. Se ha traducido a la gran mayoría de las lenguas del mundo.

Las figuras de sus protagonistas se han considerado como la síntesis de la cultura española: *el idealismo* en la persona de Don Quijote y *el realismo* en la de Sancho.

Obra Adaptada

Capítulo I

En un lugar de la Mancha, de cuyo nombre no quiero acordarme, vivía no hace mucho un hidalgo[1] de poca riqueza. Poseía un rocín flaco[2], un perro de caza, y gastaba la mayor parte de sus bienes comprando lo mínimo para subsistir. Comía y vestía pobremente. Vivían en su casa una ama de más de cuarenta años, una sobrina joven y un servidor.

Él tenía unos cincuenta años, era delgado y seco, solía madrugar y le gustaba la caza. La gente dice que se llamaba Quejada o Quesada, pero muchos opinan que se llamaba Quejana.

[1] *hidalgo:* noble.
[2] *rocín flaco:* caballo de mala calidad y de pocas carnes.

[3] *ocioso:* sin trabajar.
[4] *afición:* amor, interés.

Como estaba ocioso[3] la mayor parte del año, este hidalgo se puso a leer libros de caballerías con tanta afición[4] que abandonó la administración de su casa e incluso vendió parte de sus tierras para comprar todos los libros de caballerías que podía encontrar.

El pobre hombre perdía el tiempo discutiendo con el cura del pueblo para decidir quién había sido mejor caballero:

V. O. nº 1 en pág. 112

[5] *desafío:* aquí, provocación a combate singular.
[6] *partido por medio:* cortado en dos partes.

Palmerín de Inglaterra o Amadís de Gaula. Así se metió tanto en sus lecturas que pasaba los días y las noches leyendo, y de poco dormir y mucho leer se le secó el cerebro de manera que vino a perder el juicio. Consideró que las batallas, desafíos[5], encantamientos, amores y todas las invenciones que encontraba en sus lecturas eran la verdad. Afirmaba que el Caballero de la Ardiente Espada había partido por medio[6] a dos gigantes y estimaba al gigante Morgante porque lo consideraba afable y bien criado.

[7] *extraña:* extravagante, rara.

Cuando perdió completamente el juicio tuvo la idea muy extraña[7] de hacerse caballero andante e irse por todo el mundo con sus armas y caballo a buscar aventuras y a vivir como había leído que vivían los caballeros andantes.

[8] *arregló:* reparó.
[9] *celada:* parte de la armadura que cubría la cara.
[10] *probar:* experimentar, examinar.
[11] *barras de hierro:* piezas de metal.

Lo primero que hizo fue limpiar unas armas que habían pertenecido a sus abuelos. Las arregló[8] lo mejor que pudo, pero se dio cuenta de que su armadura no tenía celada[9] sino casco simple. Con cartones fabricó un modo de media celada que combinada con el casco parecía celada entera. Para probar[10] si era resistente sacó su espada, le dio dos golpes y con el primero deshizo el trabajo que había hecho en una semana. La volvió a hacer, poniéndole unas barras de hierro[11] por dentro y así quedó satisfecho.

Luego fue a ver a su rocín, que le pareció mejor caballo que el Bucéfalo de Alejandro o el Babieca del Cid, y pasó cuatro días en imaginar qué nombre le pondría porque no había razón para que el caballo de un caballero tan famoso estuviese sin nombre. Después de mucho pensarlo, formando nombres en su imaginación lo llamó Rocinante; nombre que le pareció sonoro y significativo de lo que había sido cuando fue rocín, antes de lo que era ahora, es decir, el primero de todos los rocines del mundo.

¹² *al cabo:* al final.
¹³ *añadió:* juntó.

Empleó otros ocho días en ponerse nombre a sí mismo y al cabo[12] se vino a llamar don Quijote; lo que permite pensar que sin duda se debía llamar Quijada y no Quesada. Pero como recordó que Amadís no se había contentado con llamarse Amadís, sino que añadió[13] al suyo el nombre de su patria y se llamó Amadís de Gaula, quiso, como buen caballero, tomar el nombre de la suya y llamarse don Quijote de la Mancha.

Con sus armas limpias, el casco transformado en celada, él y su rocín con nuevo nombre, pensó que sólo le faltaba una dama de quien enamorarse, porque el caballero andante sin amores era árbol sin hoja y sin fruto y cuerpo sin alma. Se decía:

¹⁴ *derribo:* echo a tierra.
¹⁵ *vuestra merced:* forma de cortesía que se transformará en usted.

-"Si yo, por suerte, me encuentro con algún gigante, como les pasa de ordinario a los caballeros andantes, y lo derribo[14] y lo venzo, ¿no será bien tener una dulce señora a quien enviarle preso y que se presente delante de ella y declare con voz humilde: "Yo soy el gigante Caraculiambro a quien venció en singular batalla el famoso caballero don Quijote de la Mancha. Me mandó que me presentase ante vuestra merced[15] para que vuestra grandeza disponga de mí como quiera"?

Este discurso le procuró mucho placer a nuestro buen caballero, y estuvo aún más contento cuando encontró a quien darle título de señora de sus pensamientos. En un pueblo cerca del suyo había una moza labradora de buen aspecto de quien él, un tiempo, estuvo enamorado. Se llamaba Aldonza Lorenzo. Le buscó un nombre que recordase el de una princesa y gran señora, y vino a llamarla Dulcinea del Toboso, nombre, a su parecer, músico y significativo, como todos los demás que a él y a sus cosas había puesto.

Capítulo II

a terminados sus preparativos, no quiso esperar más tiempo antes de poner en práctica sus ideas, porque pensaba que el mundo esperaba sus proezas[16] para vencer la injusticia. Y así, sin dar parte a nadie de su intención, y sin que nadie lo viese, una mañana del mes de julio se armó de todas sus armas, subió sobre Rocinante, y muy satisfecho de ver con qué facilidad empezaba su proyecto, se salió al campo.

Apenas estuvo en el camino, cuando le asaltó un pensamiento terrible. Le vino a la memoria que no había sido armado caballero[17], lo que le obligaba, conforme a la ley de caballería, a no combatir con otro caballero, y le prohibía[18] llevar un blasón[19] pintado en su escudo[20] antes de haberlo merecido.

Estos pensamientos le hicieron titubear en su propósito[21], pero como su locura tenía más fuerza que su razón, decidió hacerse armar caballero por el primer caballero que encontrase. Con esto recobró[22] su calma y prosiguió su camino.

[16] *proezas:* acciones valerosas.
[17] *ser armado caballero:* ceremonia que daba el título de caballero.
[18] *prohibía:* impedía.
[19] *blasón:* dibujo emblemático, representativo.
[20] *escudo:* arma de protección que se llevaba en el brazo izquierdo.
[21] *titubear en su propósito:* vacilar en su decisión.
[22] *recobró:* recuperó.

Mientras caminaba, nuestro aventurero iba hablando consigo mismo y decía: "¿Quién duda de que, en el futuro, cuando se escriba la verdadera historia de mis famosas aventuras, el autor la cuente así?: " Apenas había salido el sol, y apenas los pajarillos habían empezado a cantar, cuando el famoso caballero don Quijote de la Mancha subió sobre su famoso caballo Rocinante y comenzó a caminar por el antiguo y conocido campo de Montiel." Y añadía: "¡Oh tú, sabio cronista de esta historia, no te olvides de mi buen Rocinante, compañero eterno mío en todas mis aventuras!" Luego decía, como si verdaderamente estuviese enamorado: "¡Oh princesa Dulcinea, señora de mi corazón! ¿Por qué me has alejado[23] de tu presencia y obligado a vivir lejos de tu amor?"

[23] *alejado:* puesto muy lejos.

[24] *alojarse:* hospedarse.
[25] *venta:* aquí, albergue o restaurante de la época.
[26] *se dio prisa:* aceleró el paso.

Con esto, caminaba despacio imitando en sus discursos las tonterías que había leído en sus libros. El sol calentaba. Así anduvo todo aquel día, y, al anochecer, su rocín y él se hallaron cansados y muertos de hambre. Miró por todas partes por ver si descubría algún castillo donde alojarse[24]. Vio, no lejos del camino, una venta[25]. Se dio prisa[26] y llegó a ella cuando anochecía.

[27] *enano:* persona de extraordinaria pequeñez.
[28] *por casualidad:* de modo imprevisible.
[29] *porquero:* el que guarda los puercos, es decir, los cerdos.

Don Quijote, cuando vio la venta, se imaginó, porque todo lo transformaba al modo de sus lecturas, que era un castillo con sus cuatro torres y su puente levadizo. Estaba seguro de que un enano[27], con alguna trompeta, iba a anunciar su presencia desde lo alto de una torre. Avanzó hacia la puerta donde se encontraban dos mujeres jóvenes, de ésas que la gente dice de mala vida. A él, le parecieron dos hermosas doncellas o dos graciosas damas. En esto sucedió que, por casualidad[28], un porquero[29] tocase un cuerno para llamar sus puercos. Seguro de haber oído, no un cuerno, sino la trompeta del enano que anunciaba su venida, don Quijote entró muy contento y satis-

[30] *de aquella suerte:* de aquella manera.

[31] *adarga:* escudo de cuero.

fecho en la venta. Cuando vieron venir un hombre armado de aquella suerte[30], con lanza y adarga[31], las mujeres tuvieron miedo. Don Quijote les dijo, con voz afable:

-No tengáis miedo, nobles damas y altas doncellas, que mi deseo es el de serviros.

[32] *detener la risa:* parar, contener la risa.

[33] *ventero:* amo de la venta.

Ellas, como no entendían su lenguaje y se oyeron llamar doncellas, palabra tan ridícula en su profesión, no pudieron detener la risa[32]. En este momento, salió el ventero[33], hombre gordo y muy pacífico. También tuvo ganas de reír, viendo aquella figura tan cómica, con sus armas desiguales, pero, como vio que don Quijote empezaba a ofenderse, decidió hablarle con mucha cortesía y así le dijo:

-Si vuestra merced, señor caballero, desea comer, aquí en esta venta encontrará de todo en mucha abundancia.

Viendo don Quijote la amabilidad del ventero que le pareció ser el señor del castillo, respondió:

[34] *descanso:* reposo.

-Para mí, señor, cualquier comida será suficiente, porque, como caballero, mis armas son mi equipaje, el combate mi descanso[34] y las duras rocas mi cama.

[35] *cuidado:* atención.

[36] *ayudando:* prestando cooperación.

[37] *cinta:* tejido largo que sirve para atar.

[38] *nudos:* lazos.

Luego dijo al ventero que tuviese mucho cuidado[35] de su caballo, porque era el mejor del mundo. Lo miró el ventero y no le pareció tan bueno como don Quijote decía. Se ocupó del caballo y volvió a ver lo que don Quijote deseaba. Las doncellas, que ya se habían reconciliado con él, le estaban ayudando[36] a quitar sus armas, pero no podían quitarle la celada que estaba atada con unas cintas[37] verdes. No se podían deshacer los nudos[38] sin cortar las cintas, pero él no lo quiso consentir y se quedó toda aquella noche con la celada puesta. Como se imaginaba que las mujeres que le ayudaban eran damas importantes de aquel castillo, les decía, imitando versos de sus libros:

> Nunca caballero fue tan bien servido,
> como lo fue don Quijote
> cuando salió de su pueblo.
> Doncellas se ocupaban de él,
> princesas de su caballo.

O: "Rocinante, señoras mías, es el nombre de mi caballo, y don Quijote de la Mancha es el mío. El valor de mi brazo revelará el deseo que tengo de serviros." Las mozas[39], que no estaban acostumbradas a este modo de hablar, no respondían palabra; sólo le preguntaron si quería comer alguna cosa.

Como era viernes[40], no había, en toda la venta, más que unas raciones de bacalao[41] que en esta región llaman truchuela. Le preguntaron si quería comer truchuela porque no había otro pescado que darle de comer.

-Si hay muchas truchuelas[42], respondió don Quijote, será lo mismo que una trucha.

Le pusieron la mesa en la puerta de la venta porque hacía más fresco, y el ventero le trajo una porción de bacalao mal cocido y pan negro. Era motivo de gran risa verle comer porque, como tenía la celada puesta, no se podía poner nada en la boca con sus manos, y una de las mujeres debía ayudarle. Pero no fue posible darle de beber sino con un tubo que fabricó el ventero.

Todo esto lo aceptaba él con paciencia para no romper las cintas de la celada.

[39] *mozas:* aquí, criadas.

[40] *viernes:* día de la semana; por motivos religiosos no se comía carne los viernes.
[41] *bacalao:* pescado que se conserva salado.

[42] *truchuelas:* para don Quijote son pequeñas truchas.

[43] *silbatos:* instrumentos que producen sonidos agudos; aquí, silbos.

Los silbatos[43] de un porquero que llegaba a la venta, acabaron de confirmarle que estaba en algún famoso castillo, que le servían con música, que el bacalao era trucha, las mujeres princesas, y el ventero el señor del castillo. Así le pareció que todo le había ido bien en su proyecto. Pero lo que más le preocupaba era no verse armado caballero, y le parecía que no podía legítimamente empezar una aventura sin recibir la orden de caballería.

Capítulo III

reocupado por este pensamiento, terminó rápidamente la cena. Llamó al ventero y se puso de rodillas[44] ante él diciéndole:

-No me levantaré jamás de donde estoy, si no me hace vuestra merced el favor de armarme caballero. Esta noche, en la capilla[45] de vuestro castillo, velaré las armas[46] y mañana se cumplirá[47] lo que tanto deseo. Así podré ir por las cuatro partes del mundo, buscando las aventuras.

Estas palabras le confirmaron al ventero la falta de juicio de su huésped, pero, para tener de qué reír aquella noche, decidió acompañarlo en su fantasía.

Así le dijo que lo que deseaba y pedía era natural. Afirmó que él también, en su juventud, había andado por diversas partes del mundo, buscando sus aventuras por todos los lugares de mala fama donde ejercen[48] los ladrones[49] la ligereza de sus pies y la habilidad de sus manos. Como

[44] *de rodillas:* con las piernas dobladas y las rodillas apoyadas en el suelo.
[45] *capilla:* pequeña iglesia.
[46] *velar las armas:* ceremonia de iniciación de los caballeros.
[47] *se cumplirá:* se ejecutará, se llevará a efecto.
[48] *ejercen:* practican.
[49] *los ladrones:* los que roban.

todos los tribunales de España conocían sus proezas, por fin se había venido a recoger en aquel castillo suyo donde vivía de sus riquezas y de las de sus huéspedes. También le dijo que en su castillo no había capilla donde poder velar las armas. Pero él sabía que, en caso de necesidad, se podían velar dondequiera[50]. Esta noche las podría velar en un patio del castillo y, por la mañana, se harían las debidas ceremonias, de manera que él quedase armado caballero.

[50] *dondequiera:* en cualquier lugar.

Le preguntó si tenía dinero. Don Quijote le respondió que no, porque él nunca había leído en las historias que los caballeros andantes tuviesen dinero. A esto dijo el ventero que se engañaba[51], que no se escribía en las historias porque a los autores les había parecido que no era necesario escribir una cosa tan evidente. Añadió que todos los caballeros andantes llevaban consigo bolsas llenas de dinero y camisas limpias. También tenían una caja pequeña llena de ungüentos[52] para curar las heridas que recibían en los combates. Así le aconsejaba, e incluso le mandaba que no caminase, de allí en adelante, sin dinero y, sobre todo, sin escudero[53] que se ocupase de estas y otras cosas necesarias.

[51] *se engañaba:* aquí, se equivocaba.
[52] *ungüentos:* medicamentos que se aplican sobre la piel; pomada.
[53] *escudero:* sirviente que lleva el escudo y asiste al caballero.

Don Quijote le prometió hacer lo que le aconsejaba[54] con toda puntualidad. Así el ventero le dio orden de velar las armas en un corral[55] que estaba al lado de la venta. Don Quijote recogió sus armas, las puso sobre una pila[56] que estaba cerca de un pozo[57], y tomando su lanza empezó a velar las armas.

[54] *aconsejaba:* daba consejo.
[55] *corral:* lugar donde están los animales domésticos.
[56] *pila:* recipiente para recibir el agua.
[57] *pozo:* hoyo que se hace en la tierra para encontrar agua.

Contó el ventero a todos los que estaban en la venta la locura de su huésped y la vela de las armas. Todos fueron a mirarlo desde lejos, y vieron que unas veces se paseaba con su lanza, otras, ponía los ojos en las armas sin alejarse de ellas. Ya era de noche, pero con tanta claridad de la luna que podían ver todo lo que hacía el nuevo caballero.

[58] *arrieros:* los que hacen transporte con bestias de carga.

En esto, uno de los arrieros[58] que estaban en la venta quiso ir a dar agua a sus mulas y tuvo que quitar las armas que estaban sobre la pila. Don Quijote, viéndole llegar, en voz alta le dijo:

[59] *atrevido:* que no tiene respeto o miedo.

-¡Oh tú, quienquiera que seas, atrevido[59] caballero, que osas tocar las armas del más valeroso caballero andante! Mira lo que haces, y no las toques, si no quieres perder la vida.

El arriero no prestó atención a lo que decía don Quijote. Cogió las armas y las quitó de la pila. Cuando lo vio don Quijote, alzó los ojos al cielo, y pensando en su señora Dulcinea, dijo:

[60] *ofensa:* injuria, ultraje.

-Señora mía, en esta primera ofensa[60] que se hace a tu servidor, solicito tu ayuda y protección.

Y, diciendo esto, levantó la lanza a dos manos y dio con ella un tan gran golpe al arriero en la cabeza que lo dejó casi muerto en el suelo. Hecho esto, recogió sus armas y volvió tranquilamente a pasear y a velar.

[61] *desembarazar:* dejar libre.
[62] *acudió:* fue.

Llegó otro arriero con la misma intención de dar agua a sus mulas. Quiso quitar las armas para desembarazar[61] la pila, pero don Quijote, sin decir palabra, alzó otra vez la lanza y le abrió la cabeza. Al ruido acudió[62] toda la gente de la venta, y entre ella el ventero. Viendo esto, don Quijote puso la mano a su espada y dijo:

-¡Oh, hermosa Dulcinea, señora mía, ahora es tiempo que tus ojos miren en qué aventura estoy metido!

Los compañeros de los heridos, que en tal mal estado los vieron, empezaron a tirar piedras sobre don Quijote, que intentaba[63] protegerse lo mejor que podía y no osaba apartarse de la pila para no abandonar las armas.

El ventero gritaba que lo dejasen porque ya les había dicho que estaba loco. También don Quijote gritaba, llamándoles traidores, y les decía con tanta fuerza que los iba a matar, que causó un terrible miedo a los que le atacaban.

No le pareció bien al ventero continuar con la broma, y decidió abreviar[64] y darle la orden de caballería antes de que otra desgracia[65] sucediese[66]. Y así, acercándose a él, le presentó disculpas[67] por la insolencia de aquella gente baja que quedaba bien castigada de su atrevimiento[68]. Le dijo que ya había cumplido con la vela de las armas y que la ceremonia se podía hacer en la mitad de un campo.

Todo se lo creyó don Quijote y dijo que deseaba que se concluyese con la mayor brevedad posible, porque, si se viese otra vez atacado, no pensaba dejar persona viva en el castillo.

Consciente de esto, el ventero trajo un libro en que escribía las cuentas, y con una vela que tenía un muchacho, acompañado de las dos doncellas, se vino adonde don Quijote estaba.

Le mandó a don Quijote que se pusiera de rodillas; y, leyendo en su libro (como si hubiera leído una devota[69] oración), en mitad de la lectura, alzó la mano y le dio sobre el cuello un buen golpe, y, tras él, otro con la espada, siempre murmurando entre dientes una inventada

[63] *intentaba:* trataba de; pretendía.

[64] *abreviar:* reducir a menos tiempo.
[65] *desgracia:* desastre.
[66] *sucediese:* se produjese.
[67] *presentó disculpas:* pidió perdón.
[68] *atrevimiento:* falta al respeto debido.

[69] *devota:* fervorosa.

oración. Hecho esto, mandó a una de las doncellas que le pusiese la espada. Todo lo hizo ella sin reír. Don Quijote le preguntó cómo se llamaba, porque deseaba ofrecerle en reconocimiento una parte del honor que le iba a venir de sus aventuras. Ella respondió que se llamaba la Tolosa y que vivía bajo la protección de un tal Sancho Bienaya. Don Quijote quiso que, como le convenía a una gran dama, de allí en adelante se llamase doña Tolosa. Ella se lo prometió, y la otra le puso las espuelas[70]. Con ella pasó el mismo diálogo. Dijo que se llamaba la Molinera y don Quijote también le rogó que se pusiese *don*, y se llamase doña Molinera. Hechas, pues, de galope y a toda prisa estas ceremonias, quiso inmediatamente salir a buscar las aventuras. Abrazó al ventero y le dijo cosas tan extrañas para agradecerle el favor de haberle armado caballero, que el ventero, sin pedirle dinero, le dejó ir a la buena de Dios.

[70] *espuelas:* puntas de metal que se sujetan al talón para picar al caballo.

Capítulo IV

on Quijote salió de la venta muy contento por verse ya armado caballero. Pero le vinieron a la memoria los consejos del ventero a propósito de las cosas tan necesarias que había de llevar consigo, especialmente el dinero y las camisas. Así decidió volver a su casa a buscarlas. También pensaba que le hacía falta un escudero. Con este pensamiento guió a Rocinante hacia su aldea[71].

[71] *aldea:* pueblo.
[72] *se quejaba:* expresaba dolor y pena.

No había andado mucho, cuando le pareció que de la espesura de un bosque salían unas voces, como de persona que se quejaba[72], y apenas las hubo oído, cuando dijo:

-Doy gracias al cielo por el favor que me hace, pues ya me da ocasión de ejercer mi profesión. Estas voces, sin duda, son las de alguien que necesita mi ayuda. Así dirigió a Rocinante hacia donde le pareció que salían las voces. Vio atado[73] a un árbol a un muchacho de quince años, desnudo de medio cuerpo arriba, que era el que daba las voces; y no sin motivo, porque lo estaba azo-

[73] *atado:* sujetado con ligaduras.

[74] *azotando:* dando golpes.

tando[74] con un cinturón un hombre muy fuerte. El muchacho gritaba:

-No lo haré otra vez, señor mío, y prometo tener más cuidado con las ovejas.

Viendo don Quijote lo que pasaba, muy encolerizado dijo:

[75] *cobarde:* persona que no tiene valor.

-Descortés caballero que ataca a quien no puede defenderse, suba sobre su caballo y tome su lanza. Así le enseñaré que su conducta es digna de cobarde[75].

[76] *rostro:* cara.
[77] *se tuvo por:* se consideró.

El hombre, que vio sobre su rostro[76] la lanza de aquel caballero lleno de armas, se tuvo por[77] muerto, y con buenas palabras respondió:

[78] *castigando:* poniendo un castigo o pena.

-Señor caballero, este muchacho que estoy castigando[78] es uno de mis criados que guarda mis ovejas. Cada día me falta una, y, como le castigo, dice que lo hago para no pagarle el dinero que le debo. Pero, por Dios, le aseguro que miente.

[79] *desátelo:* suéltelo.

-¿Miente? ¿Cómo va a mentir delante de mí, infame villano? -dijo don Quijote-. Desátelo[79] y páguele inmediatamente.

El hombre bajó la cabeza y, sin responder palabra, desató a su criado. Don Quijote le ordenó que, al momento, le diese el dinero si no quería morir.

-El problema está, señor caballero, en que no tengo aquí dinero, pero que venga Andrés conmigo a casa y se lo pagaré inmediatamente.

-¿Irme yo con él? -dijo el muchacho-. ¡Mal año! No, señor, porque cuando se vea solo conmigo, me va a matar.

-No lo hará -replicó don Quijote-, basta con que yo se lo mande y él me lo jure por la ley de caballería.

-Yo juro por todas las leyes y órdenes de caballería que hay en el mundo que le pagaré.

[80] cumple con: ejecuta o hace efectivo.
[81] se esconda: se retire a un lugar secreto.
[82] lagartija: pequeño reptil con cuatro patas.

-Por el mismo juramento, si usted no cumple con[80] lo ordenado, juro yo de volver a buscarle y a castigarle. Y le encontraré aunque se esconda[81] más que una lagartija[82]. Y si quiere saber quién le manda esto, sepa usted que soy el valeroso don Quijote de la Mancha, el reparador de injusticias.

[83] picó: aquí, dio con las espuelas.
[84] se alejó: se fue más lejos.

Y diciendo esto, picó[83] a su Rocinante y en poco tiempo se alejó[84] de ellos. El hombre le siguió con los ojos y cuando vio que había salido del bosque, se volvió a su criado Andrés y le dijo:

-Ven acá, hijo mío, que quiero pagarte lo que te debo, como me lo ha mandado aquel reparador de injusticias. Y tomándolo del brazo, le volvió a atar al árbol y le dio tantos golpes que lo dejó por muerto.

-Llama, señor Andrés, ahora -decía el hombre-, al reparador de injusticias, y verás si repara ésta que todavía no está acabada, porque me vienen ganas de matarte como lo temías.

[85] partió: se fue.

Al fin lo desató y lo dejó ir. Pero, con todo esto, él partió[85] llorando y su amo se quedó riendo. Y de esa manera reparó la injusticia el valeroso don Quijote de la Mancha.

[86] **tropa:** aquí, gran grupo, multitud.
[87] **seda:** tejido muy fino y de gran valor.
[88] **arrogante:** altanero, soberbio.

Muy satisfecho de sí mismo, don Quijote iba caminando hacia su pueblo cuando descubrió una gran tropa[86] de gente. Eran comerciantes de Toledo que iban a comprar seda[87] a Murcia. Eran seis y venían con sus criados. Apenas los vio don Quijote, cuando se imaginó que era motivo de nueva aventura. Y así, con la lanza en mano, puesto en la mitad del camino, estuvo esperando a aquellos caballeros andantes, porque ya en su imaginación juzgaba que lo eran. Cuando llegaron a poca distancia, levantó don Quijote la voz, y muy arrogante[88] dijo:

[89] **se detenga:** se pare.

-Todo el mundo se detenga[89] y nadie pase si no afirma que no hay en el mundo doncella más hermosa que la Emperatriz de la Mancha, la inigualable Dulcinea del Toboso.

Se detuvieron los comerciantes al oír estas palabras y, al ver la extraña figura del que las decía, comprendieron su locura. Pero uno de ellos que era un poco burlón[90] quiso ver cómo podía acabar la cosa y le dijo:

[90] **burlón:** que intenta poner en ridículo a las personas.

-Señor caballero, nosotros no conocemos a esta señora; muéstrenosla y si es tan hermosa como lo dice vuestra merced, afirmaremos de buena gana lo que usted nos mande.

-Si os la mostrara -replicó don Quijote-, ¿qué mérito tendríais vosotros en afirmar una cosa tan evidente? Lo importante está en que, sin verla, lo habéis de creer y afirmar.

-Señor caballero -replicó el comerciante-, suplico a vuestra merced, en nombre de todos estos príncipes que aquí estamos, que nos presente algún retrato[91] de esa

[91] **retrato:** pintura.

92 *tuerta:* que no ve de un ojo.

señora, y aunque su retrato nos muestre que es tuerta[92] de un ojo, para satisfacerle, diremos de ella todo lo que usted quiera.

93 *arremetió:* atacó con violencia y furia.
94 *tropezado:* aquí, dado con las patas en un obstáculo.

-No es tuerta, canalla infame -respondió con cólera don Quijote-. No lo es. Pero pagaréis la gran blasfemia que habéis dicho y la ofensa que habéis hecho a la belleza de mi señora. -Y diciendo esto, arremetió[93] con la lanza baja contra el que había hablado, con tanta furia que si en la mitad del camino no hubiera tropezado[94] y caído Rocinante, lo habría pasado mal el comerciante.

95 *rodar:* caer dando vueltas.

Cayó Rocinante y su amo fue a rodar[95] por el campo a mucha distancia. Y mientras hacía esfuerzos por levantarse, y no podía, estaba diciendo:

96 *huyáis:* del verbo *huir,* apartarse rápidamente por miedo.

-No huyáis[96], cobardes, que no por culpa mía, sino de mi caballo estoy aquí tendido.

97 *pedazos:* partes, trozos.

Un mozo de mulas, que no debía de ser muy bien intencionado, oyéndole decir tantas arrogancias, no lo pudo soportar; tomó la lanza, y después de haberla hecho pedazos[97], con uno de los trozos empezó a dar a nuestro don Quijote tantos golpes que, a pesar de la protección de sus armas, lo dejó casi muerto.

Capítulo V

iendo que no podía moverse ni levantarse, don Quijote se refugió en su ordinario remedio[98], que era pensar en las aventuras de sus libros. Por suerte, pasó por allí un campesino de su mismo lugar y vecino suyo, el cual, viendo aquel hombre tendido en el camino, le preguntó quién era. Don Quijote no le respondió otra cosa sino los versos de un viejo romance. El campesino estaba asombrado oyendo aquellos disparates[99], y, quitándole la visera, le limpió el rostro, le reconoció y le dijo:

[98] *remedio:* aquí, refugio.
[99] *disparates:* tonterías.

-¿Señor vecino, quién le ha puesto de esta suerte?

Pero él seguía contestando con versos de su romance a cuanto le preguntaba. Viendo esto el buen hombre, lo mejor que pudo le quitó su armadura para ver si tenía alguna herida[100]; pero no vio sangre. Lo levantó del suelo y, no con poco trabajo, le subió sobre su asno. Recogió las armas y los pedazos de la lanza, y las lió sobre Rocinante. Así tomó el camino de su pueblo, bien pensativo de oír los disparates que decía.

[100] *herida:* rotura hecha en las carnes.

Anochecía cuando entró en el pueblo y en la casa de don Quijote.

Estaban en ella el cura y el barbero del lugar, que eran grandes amigos de don Quijote.

-¿Qué le parece a usted, señor cura -decía el ama- de la desgracia de mi señor? Hace tres días que no aparecen ni él, ni el rocín, ni la lanza, ni las armas. La verdad es que estos malditos libros de caballerías que él tiene y suele leer le han quitado el juicio. Ahora recuerdo haberle oído decir, muchas veces, que quería hacerse caballero andante e irse a buscar las aventuras por esos mundos. Malditos sean tales libros que le han hecho perder el entendimiento.

La sobrina decía lo mismo, y aún decía más.

[101] *quemados:* aquí, abrasados y consumidos con fuego.
[102] *herejes:* los que se oponen a la fe que propone la iglesia católica.

-Sepa, señor barbero, que muchas veces mi señor tío estuvo leyendo en estos libros dos días con sus noches, y, cuando estaba bien cansado, dejaba el libro, ponía mano a la espada y decía que había matado a cuatro o más gigantes. Pero yo tengo la culpa de todo, porque no avisé a vuestras mercedes de los disparates de mi tío, para que le quitasen sus libros que bien merecen ser quemados[101] como si fuesen herejes[102].

-Esto digo yo también -dijo el cura-, y no pasará el día de mañana sin que los quememos para que no den a otro la ocasión de caer en la enfermedad de nuestro buen amigo.

Todo esto estaba oyendo el campesino, que acabó de comprender la enfermedad de su vecino y comenzó a decir a voces:

-Abran vuestras mercedes al noble y valeroso caballero andante don Quijote de la Mancha, que viene herido.

A estas voces salieron todos, y como reconocieron los unos a su amigo, las otras a su amo y tío, corrieron a abrazarle[103]. Él dijo:

[103] *abrazarle:* estrecharle entre los brazos con mucho cariño.

-Vengo herido por culpa de mi caballo, que cayó cuando combatía con diez atrevidos gigantes.

Le hicieron a don Quijote mil preguntas, y a ninguna quiso responder otra cosa sino que le diesen de comer y le dejasen dormir. El campesino les contó todo; cómo había encontrado a don Quijote y los disparates que había dicho; lo cual aumentó la voluntad del cura de volver, al día siguiente, con su amigo el barbero a quemar los libros.

Don Quijote todavía dormía cuando llegaron. Pidieron a la sobrina las llaves del aposento[104] donde estaban los libros responsables de la enfermedad. Entraron todos y descubrieron más de cien libros grandes y otros pequeños.

[104] *aposento:* cuarto, habitación.

El cura mandó al barbero que le diese los libros uno a uno para ver de qué trataban y si se podían encontrar algunos que no mereciesen ser quemados.

[105] *arrojarlos:* echarlos.
[106] *hoguera:* un gran fuego.

-No -dijo la sobrina- porque todos han sido responsables de la locura de mi tío. Mejor será arrojarlos[105] por la ventana al corral y allí se hará la hoguera[106] donde los quemaremos.

Lo mismo dijo el ama; pero el cura quiso, por lo menos, leer los títulos. Y el primero que el barbero le dio en las manos fue *Amadís de Gaula;* y dijo el cura:

-Este libro fue el primero de caballerías que se imprimió en España. Así, como principio y origen de una especie tan mala y peligrosa, lo debemos, sin excusa alguna, condenar al fuego.

-No, señor -dijo el barbero-; que también he oído decir que es el mejor de todos los libros de caballerías, y por esta razón se debe salvar.

-Así es verdad -dijo el cura-, veamos los otros que están junto a él, que para ellos no tendremos la misma indulgencia. Tome, señora ama; abra esa ventana y échelos al corral para alimentar la hoguera que se ha de hacer.

Y sin querer cansarse más en leer libros de caballerías, mandó al ama que tomase todos los grandes libros. Ella, que tenía mucha gana de quemarlos, tomando casi ocho de una vez, los arrojó por la ventana. Como cogía muchos juntos, se le cayó uno a los pies del barbero, que lo tomó para ver de quién era, y vio que decía: *Historia del famoso caballero Tirante el Blanco.*

-¡Válgame Dios! -dijo el cura- *Tirante el Blanco* por su estilo es el mejor libro del mundo; llévenselo a casa y lea, señor compadre, las aventuras del caballero don Quirieleisón de Montalbán, de la doncella Placerdemivida, así como los amores de la viuda Reposada, y verá que es verdad lo que le he dicho.

-Así será -respondió el barbero-, pero, ¿qué haremos de estos pequeños libros que quedan?

-Éstos -dijo el cura-, no deben de ser de caballerías sino de poesía, y no merecen ser quemados como los demás porque no hacen ni harán el daño que los de caballerías han hecho.

-¡Ay, señor! -dijo la sobrina-. Bien los puede vuestra merced quemar como los otros, porque sería peor para mi señor tío caer en la locura de hacerse poeta, que es enfermedad incurable.

-Verdad dice esta doncella -dijo el cura-, y convendría quitarle a nuestro amigo la ocasión de nueva locura. Pero, ¿qué libro es éste?

-La *Galatea,* de Miguel de Cervantes -dijo el barbero.

-Hace muchos años que es gran amigo mío ese Cervantes, su libro tiene algo de buena invención; propone algo y no concluye[107] nada; es necesario esperar la segunda parte que anuncia. Entretanto, guárdelo usted en su casa.

[107] *concluye:* aquí, resuelve.

Estaban diciendo esto, cuando don Quijote comenzó a dar voces diciendo:

-Aquí, aquí, valerosos caballeros.

Dejaron así de examinar los demás libros que fueron al fuego sin ser vistos. Cuando llegaron al aposento de don Quijote, él ya estaba levantado y tan despierto como si nunca hubiera dormido. Por fuerza le volvieron a su cama y cuando estuvo más tranquilo, le dieron de comer y se quedó otra vez dormido.

Aquella noche quemó el ama cuantos libros había en el corral y en toda la casa.

En este tiempo, don Quijote fue a ver a un campesino, vecino suyo, hombre de bien y de poco entendimiento, y tanto le dijo, tanto le persuadió, que el pobre hombre

[108] *ínsulas:* islas.
[109] *alforjas:* bolsas grandes que reparten el peso por cada lado de un animal de carga.

aceptó salirse con él y servirle de escudero. Entre otras cosas, don Quijote le prometió que se vería rápidamente gobernador de una de las ínsulas[108] que él iba a ganar con sus aventuras. Con estas promesas y otras tales, Sancho Panza, que así se llamaba el campesino, comenzó los preparativos para el día y la hora que pensaba ponerse en camino. Don Quijote le recomendó que llevase alforjas[109] para meter las camisas y otras cosas necesarias, conforme al consejo que el ventero le había dado. Sancho Panza dijo que sí las llevaría y también un asno porque no le gustaba andar a pie.

Y así, sin despedirse Panza de sus hijos y mujer, ni don Quijote de su ama y sobrina, una noche se salieron del lugar sin que nadie los viese.

Capítulo VI

aminaron tanto, que al amanecer estuvieron seguros de que nadie podría encontrarlos aunque los buscase. Y mientras caminaban, dijo Sancho Panza a su amo:

-Mire, vuestra merced, señor caballero andante, que no se le olvide lo que me tiene prometido de la ínsula. Que yo la sabré gobernar.

-Debes saber, amigo Sancho Panza, que siempre fue costumbre de los caballeros andantes antiguos hacer gobernadores a sus escuderos de las ínsulas o reinos que ganaban. Pero si tú vives y yo vivo, bien podría ser que te pueda dar aún más de lo que te prometo.

En este momento descubrieron treinta o cuarenta molinos de viento que hay en aquel campo, y cuando don Quijote los vio, dijo a su escudero:

-Tenemos mucha suerte, porque ves allí, amigo Sancho Panza, treinta o pocos más inmensos gigantes. Pienso

[110] *despojos:* aquí, botín que el vencedor quita al vencido (vestidos, armas, etc.).

[111] *legua:* medida de longitud que, en tierra, corresponde a 5.572 metros.

[112] *aspas:* aparato exterior del molino en forma de X.

[113] *Briareo:* uno de los titanes, seres mitológicos; tenía, según la leyenda, cien brazos.

combatirlos y quitarles a todos las vidas. Con sus despojos[110] comenzaremos a enriquecernos.

-¿Qué gigantes? -dijo Sancho Panza.

-Aquellos que ves allí -respondió su amo- y que tienen brazos largos de casi dos leguas[111].

-Mire, vuestra merced -respondió Sancho- que no son gigantes sino molinos de viento, y lo que en ellos parecen brazos son las aspas[112], que, movidas por el viento, hacen andar el molino.

-Bien se ve -respondió don Quijote- que no sabes nada de las aventuras. Ellos son gigantes; y si tienes miedo, quítate de allí, y ponte en oración mientras yo voy a combatirlos en una cruel y desigual batalla.

Y, diciendo esto, atacó, sin prestarle atención a su escudero que le gritaba que, sin duda alguna, no eran gigantes sino molinos de viento. Pero él iba tan seguro de que eran gigantes, que ni oía las voces de su escudero, ni se daba cuenta, aunque estaba bien cerca, de lo que eran; y gritaba:

-No huyáis, cobardes y viles criaturas, que os ataca un solo caballero.

En esto, se levantó un poco de viento, y las grandes aspas de los molinos comenzaron a moverse. Cuando lo vio, don Quijote dijo:

-Pues aunque mováis más brazos que los del gigante Briareo[113], me lo habéis de pagar.

Y diciendo esto, pensando de todo corazón en su señora Dulcinea, pidiéndole que le socorriese en tal aventura, arremetió a todo el galope de Rocinante, y dio con la lanza un gran golpe en el aspa del primer molino que estaba delante. Pero el viento hizo volver el aspa con tanta fuerza que rompió la lanza y se llevó con ella al caballo y al caballero que fue a rodar por el campo en muy mal estado.

-¡Válgame Dios! -dijo Sancho-. ¿No le dije yo a vuestra merced que mirase bien lo que hacía, que eran molinos de viento, y que sólo lo podía ignorar quien lleva otros molinos en la cabeza?

[114] *sujetas:* aquí, expuestas, propensas a.

-Calla, amigo Sancho, -respondió don Quijote-; que las cosas de la guerra, más que otras, están sujetas[114] a continuas transformaciones. Yo pienso, y es así verdad, que aquel sabio Frestón que hizo desaparecer mis libros, ha cambiado estos gigantes en molinos para quitarme la gloria de la victoria; tal es la enemistad que me tiene.

Y, ayudándole Sancho a subir sobre Rocinante, siguieron el camino de Puerto Lápice, porque, según decía don Quijote, allí, como era un lugar muy pasajero, habían de encontrar muchas y diversas aventuras.

Sancho preguntó a su amo si no le dolían las heridas de la caída.

[115] *tripas:* entrañas, interior del vientre.

-Si no me quejo del dolor, es porque no les conviene a los caballeros andantes quejarse de sus heridas, aunque se les salgan las tripas[115] por ellas.

-Si eso es así, no tengo que replicar -respondió Sancho-; pero yo me he de quejar del más pequeño dolor que

[116] *no se aplica a:* no se refiere a.

tenga, porque no se aplica[116] a los escuderos de los caballeros andantes eso del no quejarse.

También le dijo Sancho que era hora de comer. Su amo le respondió que, por el momento, él no tenía necesidad, pero que le permitía hacerlo. Sancho se instaló lo mejor que pudo sobre su asno, y sacando de las alforjas lo que en ellas había puesto, iba caminando y comiendo detrás de su amo. De vez en cuando bebía un buen trago de vino, con tanto gusto que consideraba muy agradable andar buscando aventuras, por peligrosas que fuesen.

En resolución, aquella noche la pasaron entre unos árboles y durante toda la noche no durmió don Quijote, pensando en su señora Dulcinea. No la pasó así Sancho Panza; que, como tenía el estómago lleno, y no de agua, de un solo sueño durmió hasta la mañana.

No quiso desayunar don Quijote, volvieron a tomar el camino de Puerto Lápice, y después de tres días lo descubrieron.

-Aquí -dijo don Quijote cuando lo vio- podremos, hermano Sancho Panza, meter las manos hasta los codos en lo que llaman aventuras.

Estaba diciendo esto, cuando aparecieron por el camino dos frailes de la orden de San Benito, sobre dos mulas tan altas que parecían dos dromedarios. Detrás de ellos venía un coche con cuatro o cinco hombres a caballo, y en el coche una señora de Vizcaya que iba a Sevilla, donde estaba su marido. No venían los frailes con ella, aunque iban por el mismo camino.

Apenas los vio don Quijote cuando dijo a su escudero:

-O yo me engaño, o ésta ha de ser la más famosa aventura que se haya visto, porque deben de ser, y son, sin duda, algunos encantadores que llevan prisionera alguna princesa en aquel coche. Es necesario deshacer este agravio[117] con todas mis fuerzas.

[117] *deshacer este agravio:* reparar y vengar esta injusticia.

-Peor será esto que los molinos de viento -dijo Sancho-. Mire, señor, que aquéllos son frailes de San Benito, y el coche debe de ser de alguna señora. Digo que mire bien lo que hace, no sea que el diablo le engañe.

-Ya te he dicho, Sancho -respondió don Quijote-, que sabes poco de aventuras: lo que yo digo es verdad, y ahora lo verás.

Y diciendo esto, se puso en la mitad del camino por donde los frailes venían, y en alta voz dijo:

-Gente del diablo, dejad inmediatamente las altas princesas que lleváis presas[118] en aquel coche; si no, preparáos a morir, por justo castigo de vuestras malas acciones.

[118] *presas:* prisioneras.

Se detuvieron[119] los frailes y quedaron sorprendidos tanto de la figura de don Quijote como de sus palabras, y respondieron:

[119] *se detuvieron:* se pararon.

-Señor caballero, nosotros no somos diablos sino religiosos de San Benito que vamos por nuestro camino, y no sabemos si en este coche vienen o no princesas prisioneras.

-Para conmigo no sirven las mentiras, vil canalla -dijo don Quijote.

Y sin esperar más respuesta, picó a Rocinante y se lanzó contra el primer fraile con tanta furia que si el fraile no se hubiera dejado caer de la mula, lo hubiera matado. El segundo religioso, que vio cómo trataba a su compañero, huyó por el campo, más rápido que el viento.

Sancho Panza, que vio en el suelo al fraile, comenzó a quitarle los vestidos. Llegaron en esto dos mozos de los frailes y le preguntaron por qué le desnudaba. Respondió Sancho que legítimamente le pertenecían los despojos de los vencidos en la batalla que su señor había ganado. Los mozos, que no entendían aquello de despojos ni batallas, viendo que don Quijote estaba lejos de allí, hablando con las mujeres que en el coche venían, cayeron sobre Sancho y le dieron tantos palos[120] que lo dejaron casi muerto tendido en el suelo.

[120] *palos:* aquí, golpes que se dan con una vara.

El fraile, sin color en el rostro, volvió a subir sobre su mula y desapareció, haciéndose más cruces que si hubiera visto al diablo.

Don Quijote estaba, como se ha dicho, hablando con la señora del coche, diciéndole:

[121] *robadores:* aquí, los que la han raptado.

-Hermosa señora mía, la arrogancia de sus robadores[121] ya está por el suelo, vencida por mi fuerte brazo; y para que no tenga pena en saber el nombre de su libertador, sepa que yo me llamo don Quijote de la Mancha, caballero andante. En pago del servicio que su hermosura ha recibido de mí, no quiero otra cosa sino que vaya al Toboso y se presente ante la hermosa doña Dulcinea y le diga lo que por su libertad he hecho.

Todo lo que don Quijote decía, lo escuchaba uno de los escuderos que acompañaban el coche. Era de Vizcaya y como vio que don Quijote no quería dejar pasar el coche y pretendía que había de volver al Toboso, se fue hacia él, y tomándole de la lanza, le dijo en mala lengua castellana:

-Anda, caballero, que, por Dios, si no dejas el coche, te mato.

Con mucha calma don Quijote le respondió:

-Si fueras caballero, ya hubiera castigado tu atrevimiento.

-¿Que yo no soy caballero? Juro a Dios que lo soy. Si dejas tu lanza y sacas la espada, ¡bien verás quién soy!

-Es lo que vamos a ver -respondió don Quijote.

[122] *almohada:* colchoncillo que sirve para apoyar la cabeza o sentarse sobre él.
[123] *mortales enemigos:* enemigos de quienes se desea la muerte.

Y arrojando la lanza al suelo, sacó su espada y arremetió al vizcaíno con determinación de quitarle la vida. El vizcaíno, que así le vio venir, no pudo hacer otra cosa sino sacar su espada, y se acercó al coche de donde pudo tomar una almohada[122] que le sirvió de escudo. Luego se lanzaron el uno sobre el otro, como si fuesen mortales enemigos[123].

[124] *votos:* promesas.

La señora del coche, con sus criadas, se puso a mirar desde lejos la feroz batalla. Estaban haciendo mil votos[124] para que Dios salvase a su escudero y a ellas de aquel gran peligro en que estaban.

El vizcaíno dio un gran golpe a don Quijote encima de un hombro, y, sin la protección de su escudo, le hubiese abierto hasta la cintura. Don Quijote, que sintió el dolor de aquel golpe, dio un gran grito diciendo:

¹²⁵ *postura:* aquí, situación.

-¡Oh señora de mi alma, Dulcinea, socorre a tu caballero que en tan mala postura[125] se encuentra!

Diciendo esto, atacó al vizcaíno, la espada en alto, con determinación de abrirle por medio, y el vizcaíno, protegido con su almohada, le esperó asimismo con la espada levantada.

El primero que fue a descargar el golpe fue el colérico vizcaíno, y lo dio con tanta fuerza y tanta furia que habría dado fin a todas las aventuras de nuestro caballero si la buena suerte no hubiese desviado la espada de su adversario. No le hizo otro daño que desarmarle el lado izquierdo, llevándole, de paso, gran parte de la celada y la mitad de la oreja.

¹²⁶ *rabia:* ira, cólera.
¹²⁷ *manchego:* de la Mancha.

Es imposible contar ahora la rabia[126] que entró en el corazón de nuestro manchego[127]. Cogió la espada de las dos manos y, con furia, dio tal golpe sobre la almohada y la cabeza del vizcaíno que comenzó a echar sangre por las narices, la boca y los oídos, y cayó al suelo.

Como lo vio caer, don Quijote saltó de su caballo con mucha ligereza, y poniéndole la punta de la espada en los ojos, le dijo que se rindiese; si no, que le cortaría la cabeza.

Estaba el vizcaíno tan turbado que no podía responder palabra, y lo hubiese pasado muy mal, si las señoras del coche no hubiesen venido a pedir a don Quijote que les hiciese el favor de perdonarle la vida a su escudero. Don Quijote respondió con mucha gravedad:

-Por cierto, hermosas señoras, yo haré lo que me pidan. Pero ha de ser con una condición, y es que este caballero me ha de prometer ir al Toboso y presentarse de mi parte ante la inigualable doña Dulcinea para que ella disponga de él según su voluntad.

[128] *temerosas:* que tenían miedo.

Las temerosas[128] señoras, sin preguntarle quién era Dulcinea, le prometieron que el escudero haría todo lo que el mandaba.

[129] *en fe de:* con la garantía de.

-Pues, en fe de[129] esa promesa, yo no le haré más daño -respondió don Quijote.

Capítulo VII

ancho Panza, a causa de los golpes que había recibido, llegó con mucha dificultad donde estaba don Quijote y, besándole la mano, se puso de rodillas delante de él y le dijo:

-Ahora, señor don Quijote, bien puede vuestra merced darme el gobierno de la ínsula que se ha ganado en esta rigurosa batalla. Por grande que sea, yo me siento con fuerzas de gobernarla.

Don Quijote respondió:

-Hermano Sancho, estas aventuras no son aventuras de ínsulas, sino de caminos. En ellas no se gana más que una oreja menos. Ten paciencia, que se presentarán aventuras para hacerte gobernador.

Se lo agradeció mucho Sancho, y, besándole otra vez la mano, le ayudó a subir sobre Rocinante. Él subió sobre su asno y comenzó a seguir a su señor mientras le decía:

-Lo que le ruego, señor, es que se cure porque le sale mucha sangre de esa oreja. Tengo en las alforjas hilo y un poco de ungüento blanco.

[130] *bálsamo:* medicamento que se aplica como remedio en las heridas.

Todo esto no sería necesario -respondió don Quijote-, si pudiera hacer unas gotas del bálsamo[130] de Fierabrás.

-¿Qué bálsamo es ése? -dijo Sancho Panza.

-Es un bálsamo del que tengo la receta en la memoria, y con el que no se teme a la muerte ni se puede morir de herida. Y así, cuando yo lo haga y te lo dé, si ves que en alguna batalla me han partido el cuerpo por medio, pon la mitad que se haya caído al suelo sobre la mitad que se ha quedado sobre el caballo; después, dame de beber un poco del bálsamo que he dicho y me verás más sano que una manzana.

[131] *licor:* bebida obtenida por destilación o maceración.

-Si esto existe -dijo Panza-, yo renuncio al gobierno de la ínsula prometida y no quiero más cosa, en pago de mis buenos servicios, sino que usted me dé la receta de este licor[131], porque con lo que valdrá, me podré pasar la vida sin trabajar. Pero conviene saber, ahora, si cuesta mucho hacerlo.

-Con poco dinero se puede hacer una gran cantidad.

-¡Pobre de mí! -replicó Sancho-, ¿pero qué espera usted para enseñarme a hacerlo?

-Calla, amigo -respondió don Quijote-, pienso enseñarte mayores secretos. Pero ahora curemos esta oreja que me duele más de lo que quisiera; y mira si traes algo en estas alforjas para que comamos.

-Aquí traigo una cebolla y un poco de queso -dijo Sancho-, pero no son comidas dignas de tan valeroso caballero como vuestra merced.

-¡Qué mal lo entiendes! -respondió don Quijote- porque yo nunca he leído que los caballeros andantes comiesen cosas extraordinarias. En efecto, como pasaban la mayor parte de su tiempo en campos y desiertos, sin cocinero, sus comidas ordinarias eran de cosas rústicas[132], tales como las que tú ahora me ofreces.

[132] *rústicas:* del campo.

-Perdóneme vuestra merced -dijo Sancho-, yo no sé leer ni escribir.

Y sacando lo que había dicho de las alforjas, empezaron los dos a comer, en buena paz y compañía.

[133] *chozas:* cabañas cubiertas de paja.
[134] *cabreros:* pastores de cabras.

Acabaron rápidamente su pobre y seca comida porque tenían el deseo de buscar un lugar para pasar la noche. Subieron a caballo y se dieron prisa por llegar a algún pueblo antes de que anocheciese. Como no pudieron descubrir lo que deseaban, decidieron pasar la noche cerca de unas chozas[133] de unos cabreros[134].

[135] *tendieron:* aquí, pusieron.
[136] *muestras:* demostraciones.

Fueron acogidos por los cabreros con mucha amabilidad. Mientras Sancho se ocupaba de Rocinante y de su asno, tendieron[135] por el suelo unas pieles de ovejas a modo de rústica mesa. Se sentaron seis de ellos y, con muestras[136] de muy buena voluntad, invitaron a don Quijote y Sancho a comer.

[137] *cuerno:* prolongación ósea en la frente de algunos animales; aquí, copa hecha en un cuerno.
[138] *bellotas:* frutos de la encina.

Después de comer carne de cabra y tomar vino en un cuerno[137] que circulaba entre ellos, pusieron sobre las pieles una gran cantidad de bellotas[138] y un medio queso más duro que una piedra.

[139] *satisfecho:* aquí, contentado, llenado.

Cuando don Quijote hubo satisfecho[139] su estómago, tomó un puñado de bellotas en la mano y, mirándolas atentamente, empezó a decir:

[140] *santa:* perfecta.
[141] *corrientes:* aquí, que corren.
[142] *cortezas:* capas exteriores del tronco del árbol.
[143] *alcornoques:* árboles cuya corteza produce el corcho.
[144] *inclemencias:* rigores.

-Dichosa edad y siglos dichosos aquellos a los que los antiguos pusieron nombre de dorados; y no los llamaron así porque en aquella época el oro se podía encontrar fácilmente, sino porque los que vivían entonces ignoraban estas palabras de *tuyo* y *mío*. Eran, en aquella santa[140] edad, todas las cosas comunes. A nadie le era necesario para comer, darse más trabajo que alzar la mano y coger el dulce fruto que le daban generosamente las robustas encinas. Las claras fuentes y corrientes[141] ríos les ofrecían transparentes aguas en magnífica abundancia. Entre las rocas o en los troncos de los árboles, las discretas abejas ofrecían la fértil cosecha de su dulcísimo trabajo. Con las anchas cortezas[142] de los alcornoques[143] se cubrían las casas, que sólo eran defensas contra las inclemencias[144] del cielo.

[145] *arado:* instrumento para labrar la tierra.
[146] *las entrañas:* aquí, el interior.
[147] *en trenza y en cabello:* con la cabeza descubierta.
[148] *cortesanas:* aquí, mujeres de la Corte.

Todo era paz entonces, todo amistad, todo concordia. Aún no se había atrevido el arado[145] a abrir las entrañas[146] de la tierra, nuestra primera madre; y ella, sin ser trabajada, ofrecía por toda parte lo que podía alimentar y satisfacer a sus hijos. Entonces andaban las simples y hermosas doncellas en trenza y en cabello[147], sin más vestidos que aquellos que eran necesarios para cubrir honestamente lo que la honestidad quiere y ha querido siempre que se cubra. Sus vestidos no eran de los que ahora se usan. Con algunas hojas verdes entretejidas iban tan elegantes y bien vestidas como ahora nuestras cortesanas[148].

Entonces el amor se expresaba tan sencillamente como lo concebía el alma. Ni el engaño ni la malicia se mezcla-

V. O. nº 3 en págs. 113-114

[149] *perturbaban:* aquí, modificaban abusivamente.
[150] *prevalecía:* tenía superioridad.

ban con la verdad y la sencillez. Ni el interés ni el favor perturbaban[149] la justicia como tanto lo hacen ahora. No prevalecía[150] la opinión del juez sobre la ley porque entonces no había nada que juzgar ni nadie que fuese juzgado.

[151] *tengo dicho:* he dicho.
[152] *lascivas:* sensuales y sexuales.
[153] *detestables:* despreciables, abominables.
[154] *acoso:* persecución sexual.

Las doncellas andaban, como tengo dicho[151], por dondequiera, solas, sin temor a ser perseguidas por las lascivas[152] tentativas de los que las pretendían. Y sólo cedían al amor de su gusto y propia voluntad. Y ahora, en estos nuestros detestables[153] siglos, ni encerradas en un laberinto estarían a salvo de la solicitud y del acoso[154] que les hacen perder la virtud y el honor. Para su seguridad se instituyó la orden de los caballeros andantes, para defender las doncellas, proteger las viudas y socorrer a los huérfanos. De esta orden soy yo, hermanos cabreros, y os doy las gracias, porque sin saber que por ley natural todos los que viven están obligados a favorecer a los caballeros andantes, me habéis acogido a mí y a mi escudero.

-¡Oh! -replicó uno de los cabreros- por ahora bien sería que vaya a dormir en mi choza porque el viento de la noche le podría dañar la herida.

Lo hizo así don Quijote y pasó la mayor parte de la noche pensando en su señora Dulcinea.

Capítulo VIII

penas comenzó a descubrirse el día, cuando don Quijote se despidió de sus huéspedes. Él y su escudero se entraron en un bosque y, habiendo andado muchas horas por él, llegaron a un prado[155] lleno de fresca hierba. Un río tranquilo y fresco invitaba a pasar allí las horas de la siesta.

Se apearon[156] don Quijote y Sancho y dejaron al asno y a Rocinante pacer[157] libremente la buena hierba que allí había. Sin ceremonia[158] alguna, amo y mozo comieron lo que habían sacado de las alforjas.

Ordenó, pues, la mala suerte que anduviesen por aquellos prados algunas yeguas que pertenecían a unos arrieros que también se habían instalado a descansar en estos lugares de buena hierba y frescas aguas. A Rocinante le vino el deseo de ir a divertirse con las señoras yeguas y, saliendo de su acostumbrada indolencia[159], sin pedir permiso a su dueño, se fue a comunicarles sus deseos y necesidades. Pero ellas, que, a lo que pareció, debían de

[155] *prado:* tierra con hierba para el ganado.
[156] *apearon:* aquí, bajaron del caballo.
[157] *pacer:* comer (los animales rumiantes).
[158] *ceremonia:* aquí, formalidad.

[159] *indolencia:* pereza.

tener más ganas de pacer que interés por él, le recibieron muy mal, dándole golpes con las patas y los dientes.

Los arrieros, cuando vieron lo que pasaba, acudieron, y tantos palos le dieron a Rocinante, que lo derribaron en el suelo.

Don Quijote y Sancho, que habían visto la escena, llegaron en este momento muy encolerizados, y dijo don Quijote:

-A lo que veo, amigo Sancho, éstos no son caballeros sino gente vil y ordinaria. Lo digo porque bien me puedes ayudar a tomar venganza de la afrenta que delante de nuestros ojos se ha hecho a Rocinante.

-¿Qué diablos de venganza hemos de tomar -respondió Sancho-, si éstos son más de veinte, y nosotros no más de dos, y aun quizá no somos sino uno y medio?

-Yo valgo por ciento -replicó don Quijote-, y sin hacer más discursos, echó mano a su espada y arremetió contra los arrieros, y lo mismo hizo Sancho Panza.

[160] *vehemencia:* violencia, pasión.

Los arrieros, que se vieron atacados por aquellos dos hombres solos, empezaron a dar golpes con mucha furia y vehemencia[160]. Primero derribaron a Sancho en el suelo, y lo mismo le pasó a don Quijote sin que le sirviese su destreza y valor. Cayó a los pies de Rocinante que aún no se había levantado.

Viendo, pues, los arrieros, la mala acción que habían hecho, con la mayor prisa que pudieron, cargaron sus yeguas y siguieron su camino, dejando a los dos aventureros en muy mala postura.

El primero que pudo hablar fue Sancho Panza que se hallaba junto a su señor.

-¡Señor don Quijote! ¡Ah, señor don Quijote! -dijo con voz enferma y débil.

-¿Qué quieres, Sancho hermano? -respondió don Quijote con el mismo tono.

-Quisiera, si fuese posible, que vuestra merced me diera un poco de aquella bebida de Fierabrás, si es que usted la tiene aquí a mano. Quizá sea tan útil para curar el dolor de los golpes como lo es para las heridas.

-Pues, si la tuviera yo aquí, ¿qué nos faltaría? -respondió don Quijote-. Pero yo te juro, Sancho Panza, a fe de caballero andante, que antes de que pasen dos días, la he de tener. Pero déjate de esto, y saca fuerzas de flaqueza[161], Sancho, que así haré yo, y veamos cómo está Rocinante, porque, a lo que me parece, no ha tenido el pobre la menor parte de esta desgracia.

Será necesario que el asno me lleve a mí desde aquí a algún castillo donde sea curado de mis heridas.

Así, amigo Sancho, levántate si puedes y ponme encima de tu asno y vámonos de aquí antes de que la noche venga.

Con muchas penas y muchos suspiros se levantó Sancho, maldiciendo de quien allí le había traído. Con mucho trabajo y dificultad recuperó su asno. Levantó a Rocinante, instaló a don Quijote sobre el asno y se dirigió, poco más o menos, hacia donde le pareció que podía estar el camino.

[161] *sacar fuerzas de flaqueza:* expresión que significa hacer esfuerzo para conseguir algo, a pesar de que uno se considere débil e impotente.

Después de andar pocas leguas, descubrió una venta que, según don Quijote, había de ser castillo. Insistía Sancho en que era venta, y su amo que no, sino castillo. Tanto duró la porfía[162], que tuvieron tiempo de llegar a la venta y entrar en ella.

El ventero, que vio a don Quijote atravesado en el asno, preguntó a Sancho qué mal tenía. Sancho le respondió que no era nada, sino que se había caído de una peña[163] abajo.

Tenía el ventero una mujer naturalmente caritativa[164] que acudió luego a curar a don Quijote con una hija suya, doncella, de muy buen parecer.

Servía también en la venta una moza asturiana, ancha de cara, de nariz aplastada, de un ojo tuerta y del otro no muy sana. Esta gentil moza, pues, ayudó a la doncella y las dos hicieron una muy mala cama a don Quijote, en un rincón que había servido de pajar[165] durante muchos años y donde también estaba alojado un arriero que tenía su cama hecha un poco más allá de la de nuestro don Quijote.

En esta maldita cama se acostó don Quijote, y luego la ventera y su hija le pusieron un ungüento de arriba abajo, mientras les alumbraba[166] la moza.

-¿Y cómo se llama este caballero? -preguntó Maritornes, que así se llamaba la asturiana.

-Don Quijote de la Mancha -respondió Sancho Panza-; y es caballero aventurero, de los mejores y más fuertes que se han visto en el mundo.

-¿Qué es caballero aventurero? -replicó la moza.

-¿Tan ignorante eres, que no lo sabes tú? -respondió Sancho Panza-. Pues has de saber, hermana mía, que caballero aventurero es una persona que en poco tiempo puede verse apaleado o emperador. Hoy es la más desdichada persona del mundo, y mañana tendrá dos o tres coronas de reinos que dar a su escudero.

-Pues, ¿cómo tú, siendo escudero de tan buen señor -dijo la ventera-, no tienes, a lo que parece, ni siquiera algún condado?

[167] *sana:* cura.
[168] *título:* aquí, dignidad nobiliaria.

-Aún es temprano -respondió Sancho-, porque no hace más de un mes que andamos buscando las aventuras y, hasta ahora, no hemos encontrado ninguna que sea buena. Verdad es que si mi señor don Quijote sana[167] de esta herida o caída, no cambiaría mis esperanzas por el mejor título[168] de España.

Todas estas palabras estaba escuchando don Quijote y, sentándose en la cama como pudo, tomando de la mano a la ventera, le dijo:

[169] *venturosa:* que tiene buena suerte.
[170] *ingrata:* que olvida o no reconoce el amor recibido.

-Créame, hermosa señora, usted puede considerarse venturosa[169] por haber alojado en su castillo a mi persona. Si por modestia no conviene elogiarse a sí mismo, mi escudero le dirá quién soy. Sólo le digo que tendré eternamente escrito en mi memoria el servicio que me ha hecho. Y si el amor no me tuviera tan prisionero de una hermosa ingrata[170], los ojos de esta doncella serían señores de mi libertad.

La ventera y su hija estaban confusas oyendo las palabras del andante caballero y no las entendían más que si

hablara en griego. Así, agradeciéndole sus buenas palabras, le dejaron. La asturiana Maritornes se quedó con
ellos y empezó a curar las heridas de Sancho, que no lo
necesitaba menos que su amo.

[171] *concertado:* convenido.　　El arriero había concertado[171] con ella que se reunirían; y
ella le había dado su palabra de que, cuando estuviesen
durmiendo los huéspedes y sus amos, vendría a acostarse con él.

La cama de don Quijote estaba en mitad de aquel aposento y, junto a ella, Sancho hizo la suya con algunas
mantas de mala calidad. Cerca de estas dos camas estaba
el lecho del arriero que se había instalado cómodamente.

Así, el arriero, después de haber visitado y dado de comer
a sus mulas, se tendió en su cama y empezó a esperar a
Maritornes.

Ya estaba Sancho acostado y, a pesar de su deseo, el
dolor de los golpes recibidos no le permitía dormir;
también don Quijote, con el dolor de sus heridas, tenía
los ojos abiertos.

Toda la venta estaba en silencio, y en toda ella no había
otra luz sino la que daba una lámpara que alumbraba el
portal.

Esta maravillosa tranquilidad, y los pensamientos que
siempre nuestro caballero sacaba de sus lecturas, le trajeron a imaginar una de las más extraordinarias cosas
que pueden imaginarse.

Se imaginó haber llegado a un famoso castillo (que, como
se ha dicho, castillos eran a su parecer todas las ventas

donde se alojaba) y que la hija del señor del castillo se había enamorado de él; y que aquella noche vendría a reunirse con él en su cama. Comenzó a pensar en qué peligrosa situación estaría su honestidad y decidió en su corazón no traicionar a su señora Dulcinea.

Pensando, pues, en estos disparates, llegó el tiempo y la hora de la venida de la asturiana. Ella, en camisa y descalza, entró, en busca del arriero, en el aposento donde los tres estaban alojados. Pero, apenas llegó a la puerta, cuando don Quijote sintió su presencia y, sentándose en la cama, a pesar del dolor de sus heridas, tendió los brazos para recibir a su hermosa doncella.

La asturiana, que iba en silencio, con las manos delante, buscando a su amigo, dio con los brazos de don Quijote. Él la cogió de un brazo y, tirándola hacia sí, sin que ella osase[172] hablar palabra, la hizo sentar sobre la cama.

Su camisa, que era de tela vulgar, le pareció ser de finísima seda. Tenía en las muñecas una pulsera de vidrio que a él le pareció de preciosas perlas orientales. Su aliento, que, sin duda alguna, olía a ensalada fiambre[173], le pareció suave y aromático. Y, finalmente, él la pintó en su imaginación como las princesas de sus libros. Y era tanta la ceguedad del pobre hidalgo, que ni el tacto, ni el aliento, ni otras cosas de la buena doncella le desengañaban. Así, lo que hubiera podido hacer vomitar a otro que no fuera arriero, le parecía a él digno de la diosa de la hermosura; y, teniéndola bien asida[174], con voz amorosa y baja le comenzó a decir:

-Hermosa y alta señora, quisiera hallarme en condición de satisfacer el deseo que ha hecho nacer su gran belle-

[172] *osase:* se atreviese a.

[173] *fiambre:* aquí, pasada de tiempo.
[174] *asida:* cogida.

za, pero estoy en esta cama tan herido y en tal mal estado que, aunque mi voluntad quisiera satisfacer la suya, sería imposible. Y además, se añade a esta imposibilidad otra mayor, que es la fe que tengo dada a la sin igual Dulcinea del Toboso, única señora de mis pensamientos.

Maritornes no entendía las razones de don Quijote, y, sin decir palabra, intentaba escapar de sus brazos.

El arriero, a quien sus malos pensamientos mantenían despierto desde el momento en que entró su amiga por la puerta, estuvo escuchando lo que don Quijote decía. Celoso, se acercó a la cama y, como se dio cuenta de que la moza hacía muchos esfuerzos para separarse de don Quijote, y que éste no quería soltarla, levantó el brazo en alto y descargó tan terrible puñada[175] sobre el pobre enamorado que le bañó toda la boca de sangre. Y, no contento con esto, se le subió encima del cuerpo y empezó a darle golpes con los pies.

La cama, que era poco firme, no soportó el peso del arriero y se rompió con gran ruido. Este ruido despertó al ventero que encendió un candil[176], llamó a Maritornes, y, como ésta no respondía, se fue a buscarla adonde había oído ruido.

La moza, que conocía la brutalidad de su amo, cuando vio que venía, fue a esconderse en la cama de Sancho Panza. El ventero entró diciendo:

-¿Dónde estás, puta?

En este momento despertó Sancho, y, sintiendo un peso encima de sí, empezó a dar puñadas a una y otra parte;

[175] *puñada:* puñetazo.

[176] *candil:* objeto con aceite que sirve para dar luz con una pequeña llama.

y abrazado con Maritornes, comenzaron, entre los dos, la más graciosa batalla del mundo.

[177] lumbre: luz.

Viendo, pues, el arriero, a la lumbre[177] del candil, cómo andaba su dama, dejó a don Quijote y acudió a socorrerla. Lo mismo hizo el ventero, pero con intención de castigar a la moza, creyendo, sin duda, que ella sola era responsable de aquel desorden. Y así, el arriero daba golpes a Sancho, Sancho a la moza, la moza a él, el ventero a la moza. Y fue lo bueno, que al ventero se le apagó el candil, y, como quedaron a oscuras, se dieron tantos golpes que dondequiera que ponían la mano no dejaban cosa sana.

Aquella noche, estaba alojado en la venta un guardia de la policía de Toledo. Éste, oyendo el ruido del combate, entró a oscuras en el aposento diciendo:

—¡Ténganse todos! ¡Ténganse todos a la justicia!

Esta voz sorprendió a todos, y cada cual abandonó el combate. El ventero se retiró en la oscuridad a su aposento, el arriero a su lecho, la moza a su cocina. Sólo los desdichados don Quijote y Sancho Panza no se pudieron mover de donde estaban.

Capítulo IX

nas horas después, don Quijote llamó a Sancho con el mismo tono de voz con que, el día anterior, había llamado a su escudero, diciendo:

-Sancho amigo, ¿duermes? ¿Duermes, amigo Sancho?

-¿Cómo voy a dormir? -respondió Sancho-, si me parece que todos los diablos del mundo me han dado golpes esta noche.

-Y lo puedes creer, sin duda -respondió don Quijote-; porque, o yo sé poco, o este castillo está encantado. Pero me has de jurar que guardarás el secreto de lo que te voy a decir.

-Sí juro -respondió Sancho.

-Así has de saber que esta noche he vivido una aventura muy extraña. Y para contártela, te diré que, hace poco tiempo, vino a mi cama la hija del señor de este castillo. Y es la más hermosa doncella que en el mundo se puede encontrar. ¿Qué te podría decir de la belleza de su persona? Sólo te quiero decir que, como está encantado este castillo, en el momento en que yo estaba con ella en dulcísimos y amorosísimos discursos, sin que yo la viese, ni supiese por dónde venía, vino una mano de algún enorme gigante y me dio una puñada en la boca y después me dio tantos golpes que estoy ahora peor que ayer cuando los arrieros nos dejaron casi muertos en la hierba. De todo esto imagino que el tesoro de la hermosura de esta doncella lo debe de guardar algún moro[178] encantado, y que no debe de ser para mí.

-Ni para mí tampoco -respondió Sancho-: porque más de cuatrocientos moros me han dado golpes a mí.

-No tengas pena, amigo -dijo don Quijote-, porque yo haré ahora el bálsamo precioso[179], con que sanaremos en un abrir y cerrar de ojos. Levántate, Sancho, si puedes, y llama al señor de este castillo para que me dé un poco de aceite, vino, sal y romero para hacer el bálsamo que nos dará la salud.

Con los ingredientes que le trajo Sancho, don Quijote hizo una pasta que puso a cocer mientras decía, encima del recipiente, más de ochenta paternostres y otras tantas avemarías[180]. Acompañaba cada palabra con una cruz a modo de bendición.

Cuando hubo terminado, él mismo quiso hacer la experiencia de la eficacia de aquel precioso bálsamo. Pero, apenas lo acabó de beber, cuando comenzó a vomitar, de manera que no le quedó nada en el estómago. La agi-

[178] *moro:* árabe, mahometano.

[179] *precioso:* de mucho valor.

[180] *paternostres y avemarías:* oraciones católicas.

tación del vómito le dio un sudor violentísimo. Mandó que le dejasen solo y se quedó dormido más de tres horas. Cuando despertó se sintió mejor y verdaderamente creyó que había descubierto el bálsamo de Fierabrás.

Sancho Panza, que también consideró como milagroso el mejor estado de su amo, le rogó que diese lo que quedaba en el recipiente, que no era poca cantidad. Cogió el recipiente con las dos manos y bebió. Pero el estómago del pobre Sancho no debía de ser tan delicado como el de su amo; y así, antes de vomitar tuvo tantos dolores y sudores que pensó verdaderamente que había llegado su última hora. Viéndole así don Quijote, le dijo:

-Yo creo, Sancho, que todo este mal te viene de no ser armado caballero; porque creo que este licor no sirve para los que no lo son.

[181] *brebaje:* bebida.

Poco después, hizo su efecto el brebaje[181] y el pobre escudero comenzó a vomitar y a sudar con tanto dolor que no solamente él, sino todos, pensaron que se le acababa la vida.

Estos terribles dolores le duraron casi dos horas y no quedó como su amo sino tan malo que no se podía tener de pie. Pero don Quijote, que, como se ha dicho, se sentía mejor, quiso salir a buscar aventuras.

Cuando estuvieron los dos a caballo, don Quijote llamó al ventero y, con voz tranquila y grave le dijo:

-Muchos y muy grandes son los servicios y favores, señor, que en su castillo he recibido. Se los agradeceré todos los días de mi vida. Si le puedo pagar en vengarle

[182] *afrenta:* vergüenza y deshonor que resulta de algún dicho o hecho.

de una afrenta[182] que se le haya hecho, sepa que mi oficio es el de socorrer a las víctimas y vengar a los que sufren injusticias. Así se lo prometo por la orden de caballero que recibí.

El ventero le respondió con la misma tranquilidad:

-Señor caballero, yo no necesito que usted me vengue de nadie porque yo sé tomar la venganza que me conviene. Sólo necesito que vuestra merced me pague lo que me debe: la paja y alimento para sus dos animales, así como la cena y camas.

-Luego, ¿esto es una venta? -replicó don Quijote.

-Y muy honrada -respondió el ventero.

-Engañado he vivido hasta aquí -respondió don Quijote-; porque en verdad pensé que era castillo. Ahora, si no es castillo sino venta, lo que se podrá hacer es que usted perdone por el pago; porque yo no puedo ir en contra de las leyes de la orden de los caballeros andantes. Y sé que ellos jamás pagaron cualquier cosa en una venta porque se les debe, como privilegio y derecho, un buen acogimiento en pago de las penas que sufren buscando las aventuras de noche y de día, en invierno y en verano, a pie y a caballo, con sed y con hambre, con calor y con frío.

-Poco tengo yo que ver en eso -respondió el ventero-; págueme lo que me debe y dejémonos de historias y caballerías.

-Usted es un estúpido y mal hostelero- respondió don Quijote. Haciendo avanzar a Rocinante y levantando la lanza, salió de la venta sin que nadie le detuviese. Y él, sin mirar si le seguía su escudero, se alejó de la venta.

El ventero que vio que se iba y no le pagaba, se fue a pedir el pago a Sancho Panza. Éste le dijo que, puesto que su señor no había querido pagar, él tampoco pagaría. Se enfadó mucho el ventero, y le aseguró que si no le pagaba, se lo haría pagar de otra manera.

[183] *desdichado:* desgraciado.

Quiso la mala suerte del desdichado[183] Sancho que entre la gente que estaba en la venta se hallasen unos hombres alegres y muy decididos a divertirse con él.

Ellos, como si todos tuviesen la misma idea, fueron hacia él y lo bajaron de su asno.

Uno de ellos fue a buscar la manta de la cama del ventero y, echándole en la mitad de ella, empezaron a lanzarle a lo alto y a divertirse con él.

Las voces que el pobre daba llegaron a los oídos de su amo. Él se detuvo a escuchar atentamente y creyó que se le venía una nueva aventura, hasta que se dio cuenta de que el que gritaba era su escudero.

Volvió a la venta y la encontró cerrada. Le dio la vuelta para ver si encontraba por donde entrar. Cuando llegó al muro del corral, que no era muy alto, vio el mal juego que se le hacía a su escudero. Lo vio bajar y subir por el aire, con tanta gracia que si no hubiera venido con tanta cólera, se habría reído.

Intentó subir sobre el muro, pero tenía tanto dolor por sus heridas que no pudo.

Así, desde encima del caballo, comenzó a decir tantos insultos a los que maltrataban a Sancho que no es posible escribirlos. Pero no por eso cesaban[184] ellos su risa, ni el pobre Sancho dejaba de quejarse. Por fin, cuando estuvieron cansados, lo dejaron. Le trajeron su asno, le subieron encima y le abrieron la puerta.

[184] *cesaban:* acababan.

Salió Sancho de la venta muy contento de no haber pagado nada, aunque sus espaldas hubiesen pagado por él. Verdad es que el ventero guardó sus alforjas, en pago de lo que se le debía.

Capítulo X

uando don Quijote vio llegar a su escudero le dijo:

-Ahora estoy seguro, Sancho, de que aquel castillo o venta está encantado. Porque aquellos que tan atrozmente se divirtieron contigo, ¿qué podían ser sino fantasmas y gente del otro mundo? Y lo confirmo porque cuando yo estaba mirando tu triste tragedia por encima del muro del corral, no me fue posible subir sobre el muro ni apearme de Rocinante. Me habían encantado, porque te juro que, si hubiera podido subir o apearme, te habría vengado de tal manera que aquella gente se acordaría para siempre de mi venganza.

-También me habría vengado yo si hubiera podido, pero no pude. Pero sigo pensando que aquellos que se divirtieron conmigo no eran fantasmas ni hombres encantados como dice vuestra merced, sino hombres de carne y hueso como nosotros. Y lo que saco en limpio de todas estas aventuras que andamos buscando, es que sólo nos conducen a tantas desgracias y desdichas que me parece que sería mejor y más inteligente volver a nuestro pueblo.

-¡Qué poco sabes, Sancho -respondió don Quijote-, de las cosas de caballería! Calla y ten paciencia; que el cielo te dará mejores momentos.

[185] *polvareda:* polvo que se levanta de la tierra.

En esta discusión iban don Quijote y su escudero, cuando vio don Quijote que por el camino venía hacia ellos una gran y espesa polvareda[185].

-Éste es el día, ¡oh Sancho!, en que se han de ver las buenas cosas que me reserva mi suerte; éste es el día, digo, en el que tengo que hacer cosas que queden escritas en el libro de la Fama por todos los siglos venideros.

¿Ves aquella polvareda, Sancho? Pues la levanta un enorme ejército de diversas e innumerables gentes.

-Si es verdad, serán dos ejércitos -dijo Sancho-; porque por esta otra parte se levanta también otra polvareda.

Volvió a mirarlo don Quijote, y vio que era verdad. Con mucha alegría y entusiasmo se imaginó que eran dos ejércitos que venían a combatir en mitad de aquella llanura.

[186] *manada:* rebaño, reunión de animales de la misma especie.
[187] *carnero:* macho de la oveja.

La polvareda que había visto, la levantaban dos grandes manadas[186] de ovejas y carneros[187] que venían de dos partes diferentes. Pero, con el polvo, no se podía ver lo que eran hasta que estuviesen cerca.

Con tanta fuerza afirmaba don Quijote que eran ejércitos, que Sancho lo vino a creer y a decirle:

-Señor, pues, ¿qué hemos de hacer nosotros?

-¿Qué? -dijo don Quijote-. Ayudar a los buenos. Pero has de saber, Sancho, que el ejército que viene frente a nosotros, lo conduce el gran emperador Alifanfarón, y el otro que ves, es el de su enemigo el rey Pentapolín del Arremangado Brazo, así llamado porque siempre entra en las batallas con el brazo derecho desnudo.

-Pues ¿por qué se quieren tan mal estos dos señores? -preguntó Sancho.

[188] *furibundo pagano:* aquí, violento mahometano.

-Se quieren mal -respondió don Quijote- porque este Alifanfarón es un furibundo pagano[188], y está enamorado de la hija de Pentapolín, que es muy hermosa y buena cristiana. Su padre no se la quiere dar al rey pagano si no abandona la religión de su falso profeta Mahoma.

-¡Por mis barbas! -dijo Sancho-, hace muy bien Pentapolín, y yo le tengo que ayudar en cuanto pueda.

-En esto harás lo que debes, Sancho; porque para entrar en tales batallas, no se necesita ser armado caballero. Pero escúchame y mira, porque te quiero enseñar y nombrar los principales caballeros que en estos ejércitos vienen.

Así, viendo en su imaginación lo que no veía ni había, con voz alta comenzó a decir:

-Aquel caballero que allí ves y que tiene un león pintado en su escudo es el valeroso Laurcalco; el otro que tiene en el escudo tres coronas es el terrible Micocolembo; el otro que está a su derecha es Brandabarbarán, señor de las tres Arabias. Pero vuelve los ojos a esta parte y verás el siempre vencedor y nunca vencido Timonel de Carcajona que tiene en el escudo un gato de oro con una letra que dice: *Miau,* lo que es el principio del nombre de su dama la hermosa Miulina, hija del duque Alfeñiquén. El otro es Espartafilardo del Bosque.

De esta manera fue nombrando muchos caballeros del uno y otro ejército que él imaginaba en su locura.

Lo estaba escuchando Sancho Panza con mucha atención, sin hablar. De vez en cuando volvía la cabeza para ver si veía los caballeros y gigantes que su amo nombraba; y como no descubría a ninguno, le dijo:

-Señor, yo no los veo. Quizá todo debe ser encantamiento, como los fantasmas de anoche.

-¿Cómo puedes decir esto? -respondió don Quijote-. ¿No oyes los caballos y el ruido de los tambores?

-No oigo otra cosa -contestó Sancho- sino el ruido de ovejas y carneros.

Y así era la verdad, porque ya llegaban cerca los dos rebaños.

-El miedo que tienes -dijo don Quijote- hace que no puedas oír ni ver correctamente; así las cosas no te parecen lo que son. Si tienes miedo, retírate a una parte y déjame solo. Yo voy a dar la victoria al ejército que reciba mi ayuda. Y diciendo esto, bajó la lanza y atacó, rápido como un rayo.

Sancho daba voces diciéndole:

-Vuélvase vuestra merced, son carneros y ovejas los que va a atacar. Vuélvase. ¿Qué locura es ésta? Mire que no hay gigante ni caballero alguno.

Pero no se volvió don Quijote; y en altas voces iba diciendo:

-¡Ea, caballeros, los que estáis bajo la bandera del emperador Pentapolín del Arremangado Brazo, seguidme todos!

Y, diciendo esto, comenzó con su lanza a atacar las ovejas como si combatiera a sus más mortales enemigos.

Los pastores que estaban con los rebaños le gritaban que no hiciera aquello. Pero cuando vieron que no les escuchaba, sacaron sus hondas[189] y comenzaron a tirarle piedras.

[189] *hondas:* tiras de cuero para tirar piedras con violencia.

Don Quijote no se preocupaba de las piedras y decía:

-¿Dónde estás, Alifanfarón? Ven que te voy a quitar la vida.

En este momento recibió una piedra que le hizo mucho daño; creyó, sin duda, que estaba muerto o gravemente herido. Se acordó del bálsamo que tenía en una botella. La sacó y se la puso en la boca. Apenas empezaba a beber el precioso licor cuando recibió otra piedra que además de la botella le rompió tres o cuatro dientes y dos dedos de la mano. Fue tal el golpe que cayó del caballo.

Llegaron los pastores y creyeron que le habían matado. Así, con mucha prisa, recogieron sus animales y las ovejas muertas, que eran más de siete, y se fueron.

Durante todo este tiempo se había quedado Sancho mirando las locuras que su amo hacía. Viendo, pues, que don Quijote se quedaba en el suelo, y que los pastores se habían ido, vino adonde estaba su amo, que no había perdido el sentido, y le dijo:

-¿No le decía yo, señor don Quijote, que no eran ejércitos sino rebaños de ovejas?

-Has de saber, Sancho, que le es muy fácil a este encantador enemigo mío, hacernos parecer las cosas como quiere. Y para quitarme la gloria que iba a ganar en esta batalla, ha transformado los ejércitos de enemigos en rebaños de ovejas. Haz una cosa, Sancho, para que veas la verdad; sube en tu asno y síguelos. Así verás como, a poca distancia de aquí, van a recuperar su estado primero y, dejando de ser carneros, aparecerán como hombres. Pero no vayas ahora, que necesito tu ayuda. Acércate y mira cuántos dientes me faltan; que me parece que no me queda ninguno en la boca.

Se acercó Sancho tan cerca, que casi le metió los ojos en la boca. Y fue en este momento cuando el bálsamo produjo su efecto. Más rápido que una escopeta, don Quijote vomitó todo lo que tenía en el estómago y dio con todo esto en las barbas del compasivo escudero.

-¡Santa María! -dijo Sancho-. ¿Qué es esto? Sin duda va a morir, pues vomita sangre por la boca.

Pero se dio cuenta, por el color, sabor y olor, que no era sangre sino el bálsamo que le había visto beber. Fue tanto su asco que vomitó las tripas sobre su mismo señor.

Se fue a su asno para sacar de las alforjas algo con qué limpiarse y con qué curar a su amo. No encontró las alforjas y estuvo a punto de volverse loco. Maldiciendo a su amo, se propuso[190], en su corazón, dejar a su amo y volver a su pueblo aunque perdiese la esperanza de verse gobernador de una ínsula.

En este momento se levantó don Quijote y, con la mano izquierda en la boca para que no se le salieran los dientes, se fue adonde estaba su escudero y, como lo vio tan triste y pensativo, le dijo:

-Has de saber, Sancho, que todas estas desdichas que nos suceden son señales de que pronto nuestras cosas van a ir mejor; porque no es posible que el mal ni el bien sean durables. Y así, como el mal ha durado mucho, el bien está ya cerca.

-Sí, pero han desaparecido las alforjas -dijo Sancho.

-De ese modo, no tenemos qué comer hoy -replicó don Quijote.

-Pues, vámonos ahora de aquí -dijo Sancho-, a ver si encontramos dónde alojar esta noche, y quiera Dios que sea en un lugar donde no haya mantas, ni fantasmas, ni moros encantados; que si los hay, lo mando todo al diablo.

Capítulo XI

ún no habían encontrado una venta, cuando la noche les sorprendió en la mitad del camino. Estaba el escudero con mucha hambre y el amo con ganas de comer cuando vieron que por el mismo camino venían hacia ellos gran multitud de luces. Tuvo miedo Sancho y los dos se detuvieron, mirando con mucha atención lo que podía ser aquello.

Vieron que las luces se acercaban como estrellas que se movían. También don Quijote tuvo miedo y dijo:

-Ésta, sin duda, Sancho, debe de ser grandísima y peligrosísima aventura; será necesario que yo muestre todo mi valor y esfuerzo[191].

[191] *esfuerzo:* ánimo, vigor.
[192] *hacha:* aquí, mecha cuyo fuego resiste al viento sin apagarse.
[193] *litera:* aquí, vehículo sin ruedas llevado por dos caballos, uno puesto delante y otro detrás.

A poca distancia descubrieron más de veinte hombres. Venían a caballo, vestidos de largas camisas y llevaban hachas[192] encendidas en las manos. Detrás de ellos venía una litera[193] cubierta de luto y la seguían seis hombres a caballo, también cubiertos de vestidos negros hasta los pies de los animales. Todos iban lentamente y hablaban entre sí con una voz baja y compasiva.

Esta extraña visión, a tales horas, era suficiente para poner miedo en el corazón de Sancho y aun en el de su amo. Don Quijote pensó que aquélla era una de las aventuras de sus libros. Se imaginó que en la litera debía de ir algún caballero herido o muerto y que él debía vengarle.

Sin hacer otro discurso, se puso en la mitad del camino por donde habían de pasar, y cuando los vio cerca alzó la voz y dijo:

-Deteneos, caballeros, o quienquiera que seáis. Decidme quiénes sois, de dónde venís, adónde vais, qué es lo que en aquella litera lleváis. Porque según parece, o habéis cometido algún desaguisado[194] o sois víctimas de un crimen y conviene que yo lo sepa, o bien para castigaros, o bien para vengaros.

[194] *desaguisado:* acción contraria a la ley o a la razón.

-Vamos deprisa -respondió uno de los hombres-, y está la venta lejos. No nos podemos detener a dar tantas explicaciones.

Quiso pasar adelante, pero don Quijote se sintió ofendido[195] por esta respuesta y dijo:

[195] *ofendido:* herido moralmente, ultrajado.

-Deteneos y contestad a lo que os he preguntado; si no, os voy a atacar a todos.

Un mozo que iba a pie comenzó a insultar a don Quijote, y él, ya encolerizado, sin esperar más, arremetió y con la lanza atacó a uno de los hombres que, herido, cayó del caballo. Volviéndose, don Quijote atacó a los demás.

Era de ver con qué habilidad y valor los atacaba. En aquel instante parecía que a Rocinante le habían nacido alas.

Estos hombres, con sus largos vestidos de luto no se podían mover y don Quijote les daba golpes a todos. Además era gente medrosa[196] y sin armas. Rápidamente abandonaron el combate y comenzaron a correr por el campo, con las hachas encendidas, pensando que no era hombre, sino diablo del infierno, que les venía a robar el cuerpo muerto que en la litera llevaban.

[196] *medrosa:* temerosa.

Todo lo miraba Sancho, admirando el valor de su señor.

Un hacha estaba ardiendo cerca del primero al que don Quijote había herido. Así lo pudo ver y, acercándose a él, le puso la punta de la lanza en la cabeza y le dijo que se rindiese; si no, que le mataría.

-Suplico a vuestra merced, si es caballero cristiano, que no me mate, porque cometería un gran sacrilegio; soy hombre de iglesia. Me llamo Alonso López y vengo de la ciudad de Baeza, con otros once sacerdotes, que son los que huyeron con las hachas. Vamos a la ciudad de Segovia acompañando un cuerpo muerto que está en aquella litera. Es el cuerpo de un caballero que murió en Baeza y lo llevábamos a su sepultura que está en Segovia.

-¿Y quién le mató? -preguntó don Quijote.

-Dios, por medio de una enfermedad -respondió el sacerdote.

-Así -dijo don Quijote-, si lo mató Nuestro Señor, debemos callar y aceptar. Pero que sepa usted que yo soy un caballero de la Mancha, y es mi oficio y trabajo andar por el mundo reparando injusticias.

-No sé cómo puede usted hablar de reparar injusticias, porque a mí usted me ha roto una pierna y no veo cómo me la va a reparar. Pero le suplico, señor caballero andante, me ayude a levantarme.

197 *desvalijar:* robar.

Don Quijote llamó a Sancho Panza para que viniera a ayudarle. Pero él estaba ocupado en desvalijar[197] una reserva de alimentos que traían consigo aquellos buenos señores. Cogió Sancho todo lo que pudo, cargó su asno y vino a ayudar a su amo a levantar al sacerdote y ponerlo sobre una mula.

Don Quijote rogó al sacerdote que pidiese perdón a sus compañeros de la ofensa que les había hecho. También le dijo Sancho:

-Si acaso quieren saber estos señores quién ha sido el valeroso hombre que en tal estado les puso, dígales vuestra merced que es el famoso don Quijote de la Mancha, que por otro nombre se llama el *Caballero de la Triste Figura.*

Se fue el sacerdote; y don Quijote preguntó a Sancho por qué le había llamado *el Caballero de la Triste Figura.*

-Yo se lo diré -respondió Sancho- porque le he estado mirando a la luz de aquella hacha y, verdaderamente, tiene vuestra merced la más mala figura que jamás he visto. Debe de ser a causa del cansancio de este combate, o mejor, de la falta de dientes.

-No es eso -respondió don Quijote-, sino que el mago que un día va a escribir mi historia te lo ha puesto en la lengua y en el pensamiento. Pero me parece muy bien que yo tome un nombre como lo tomaron todos los caballeros pasados. Uno se llamaba el *de la Ardiente espada,* otro, *el de las Doncellas.* Así quiero hacer pintar[198], en cuanto pueda, en mi escudo, una triste figura.

[198] *pintar:* representar mediante un dibujo.

-Señor -replicó Sancho-, vuestra merced ha acabado esta peligrosa aventura de mejor modo que todas las que yo he visto. Pero esta gente, aunque vencida, podría darse cuenta de que la venció una persona sola, y así volver a buscarnos.

Y subiendo sobre su asno, rogó a su señor que le siguiese. A don Quijote le pareció que tenía razón y le siguió.

Caminaron entre dos montañas y se hallaron en un valle escondido donde se apearon. Comieron con mucha satisfación los buenos alimentos de los señores clérigos. Pero les pasó otra desgracia, que para Sancho fue la peor de todas, y fue que no tenían vino que beber y ni siquiera agua. Tal era la sed que tenían que Sancho dijo:

-No es posible, señor mío, que no pase por aquí cerca un río. Si vamos un poco más adelante encontraremos dónde satisfacer esta terrible sed que tenemos y que es peor que el hambre.

[199] *rienda:* correa que sirve para dirigir el caballo.
[200] *a tientas:* sin distinguir las cosas con la vista, sino con el tacto.

Le pareció buen consejo a don Quijote y, tomando de la rienda[199] a Rocinante y Sancho a su asno, comenzaron a caminar por el prado arriba. Iban a tientas[200], porque la oscuridad de la noche no les dejaba ver cosa alguna.

No habían andado doscientos pasos, cuando llegó a sus oídos el gran ruido de una caída de agua. Les produjo mucha alegría este ruido, pero, escuchando para saber hacia dónde dirigirse, oyeron otro ruido que les produjo mucho miedo, especialmente a Sancho. Oyeron que daban golpes, con cierto ruido de cadenas[201] y de agua. El ruido del viento en los árboles, la noche oscura, el agua, todo causaba horror y espanto.

Don Quijote saltó sobre Rocinante, cogió su lanza y dijo:

-Sancho amigo, has de saber que yo nací para vencer los peligros y para resucitar en esta época las proezas de los caballeros andantes del pasado tiempo. Así que, espérame aquí durante tres días, no más. Y si no vuelvo, puedes tú volver a nuestro pueblo y desde allí irás al Toboso, donde dirás a la incomparable señora Dulcinea que he muerto para ser digno de merecer sus favores.

Cuando Sancho oyó las palabras de su amo, comenzó a llorar, tanto era el miedo que tenía. Decidió hacerle esperar hasta el día, si pudiese. Así, sin que don Quijote se diese cuenta, ató con una cuerda las patas de Rocinante, de manera que cuando su amo quiso avanzar, no pudo porque el caballo no se podía mover.

Don Quijote estaba desesperado, pero como el caballo no se movía, y no sospechaba lo que Sancho había hecho, dijo:

-Pues así es, Sancho, Rocinante no puede moverse , y yo tengo que esperar el alba[202].

-Vuestra merced debería apearse y echarse a dormir un poco en la verde hierba, como lo hacían los caballeros andantes, para encontrarse más descansado cuando llegue el día.

-¿Soy yo, quizá, de aquellos caballeros que toman reposo en los peligros? Duerme tú, que naciste para dormir, o haz lo que quieras.

Era tal el miedo que Sancho tenía de los golpes que oía que se acercó a su amo y tomó entre sus brazos la pierna izquierda de su señor.

Le dijo don Quijote que contase una historia para pasar el tiempo y esperar el alba. A pesar de su miedo y del temor del ruido que oía, Sancho comenzó a contar la historia de un pastor que tenía un rebaño de cabras. Debía transportarlas de una orilla a otra de un río en un barco tan pequeño que solamente podían caber en él una persona y una cabra. Así el cuento se repetía sin fin, contando una tras otra las cabras que pasaba.

[203] *lenitiva:* que tiene virtud de ablandar o suavizar, en este caso, el vientre.

[204] *posaderas:* nalgas.

En esto, o sea a causa del frío de la mañana, o porque Sancho hubiese comido alguna cosa lenitiva[203], le vino el deseo de hacer lo que otro no pudiera hacer por él. Pero era tanto el miedo que había entrado en su corazón, que no osaba separarse de su amo. Pero tampoco le era posible no hacer lo que tenía gana. Y así, soltó con la mano derecha la pierna de su amo y con ella, sin ruido, desató el cinturón que mantenía sus calzones; después, levantó la camisa lo mejor que pudo, y echó al aire sus no muy pequeñas posaderas[204].

Entonces se dio cuenta de que iba a hacer ruido. Para evitarlo, comenzó a apretar los dientes y a encoger los hombros sin respirar. Pero a pesar de estas precauciones, el pobre vino a hacer un poco de ruido. Lo oyó don Quijote y dijo:

-¿Qué ruido es ése, Sancho?

-No sé, señor -respondió él-. Debe de ser alguna cosa nueva.

Hizo otra tentativa y, sin ruido, se halló libre de la carga que tanta preocupación le había causado. Pero como don Quijote tenía el sentido del olfato tan vivo como el de los oídos, y Sancho estaba tan abrazado a él, casi por línea recta subían los vapores[205] hacia arriba y no se pudo evitar que algunos llegasen a sus narices. Y apretándolas entre los dedos, con un tono algo burlón dijo:

-Me parece, Sancho, que tienes mucho miedo.

-Sí tengo -respondió Sancho-; pero, ¿en qué lo ve vuestra merced ahora más que nunca?

-En que hueles ahora más que nunca -respondió don Quijote.

En estos coloquios[206] y otros iguales, amo y mozo pasaron la noche. Cuando Sancho vio que llegaba la mañana, con mucha prudencia desató a Rocinante y se ató los calzones.

Viendo, pues, don Quijote que ya se movía Rocinante, creyó que era tiempo de empezar aquella aventura.

Avanzaron entre los árboles y descubrieron unas casas, que más parecían ruinas que casas, de donde salían los

[205] *vapores:* olores.

[206] *coloquios:* pláticas, discusiones, charlas.

ruidos horribles y espantosos que durante toda la noche les habían dado tanto miedo.

[207] *mazos:* martillos grandes de madera.
[208] *batán:* máquina hidráulica, compuesta de grandes mazos para golpear, desengrasar y teñir las ropas.

Se acercaron unos pasos más y vieron seis mazos[207] de batán[208] que, movidos por el agua, producían estos ruidos.

Cuando don Quijote vio lo que era, miró a Sancho, y vio que tenía la boca llena de risa; y a la vista de su escudero no pudo dejar de reírse.

También Sancho se reía. Tanto se reía y se burlaba de su amo y de sus discursos de la noche que don Quijote se enfadó; alzó la lanza y le dio dos golpes en las espaldas. Viendo Sancho que su amo no apreciaba sus burlas, con mucha humildad le dijo:

-Tranquilícese, vuestra merced, que ya no me burlo.

-Debes saber, Sancho, que es necesario hacer diferencia de amo a mozo, de señor a criado, y de caballero a escudero. Y no olvides que después de a los padres, a los amos se ha de respetar como si lo fuesen.

Capítulo XII

n este momento comenzó a llover un poco, pero don Quijote quiso seguir andando por el camino. Poco tiempo después, descubrió un hombre a caballo que llevaba en la cabeza una cosa que brillaba como si fuera de oro. Apenas lo hubo visto, se volvió hacia Sancho y le dijo:

-"Donde una puerta se cierra, otra se abre". Lo digo porque si anoche la suerte nos cerró la puerta de la aventura, engañándonos con los ruidos de los mazos, ahora nos abre de par en par[209] la puerta de otra aventura. Digo esto porque, si no me engaño, viene hacia nosotros un hombre que tiene en su cabeza el yelmo[210] de Mambrino.

[209] *de par en par:* enteramente.

[210] *yelmo:* parte de la armadura que protege la cabeza y el rostro.

-Mire vuestra merced bien lo que dice y mejor lo que hace -dijo Sancho-; no quisiera que se engañase.

-¿Cómo me puedo engañar en lo que digo? -dijo don Quijote-. Dime, ¿no ves aquel caballero que viene hacia nosotros y que tiene en la cabeza un yelmo de oro?

-Lo que yo veo -respondió Sancho- no es más que un hombre sobre un asno y que lleva en la cabeza algo que brilla.

-Pues ése es el yelmo de Mambrino -dijo don Quijote-. Aléjate y déjame solo con él, y verás cómo, sin decir palabra, en poco tiempo, termino esta aventura, y será mío el yelmo que tanto he deseado.

En realidad, el yelmo, el caballo y el caballero que don Quijote veía era esto: un barbero que iba a ejercer su oficio de un pueblo a otro. Como llovía y para que no se mojase su sombrero, que debía de ser nuevo, se puso sobre la cabeza una bacía[211] que, como estaba limpia, brillaba. Venía sobre un asno como Sancho había dicho; pero todo lo veía don Quijote como en sus pensamientos y sus lecturas.

[211] *bacía:* cacharro que usan los barberos para remojar la barba.

Como vio que el pobre caballero llegaba cerca, don Quijote se lanzó, a todo el galope de Rocinante, con la lanza baja, y con intención de atravesarle de parte a parte.

Cuando estuvo cerca de él, sin detener la furia de su galope, le dijo:

-Defiéndete, o dame de tu propia voluntad el yelmo que me debes.

El barbero que, con tanta sorpresa, vio venir aquel fantasma sobre sí, no tuvo otro remedio, para evitar la lanza, que el de dejarse caer del asno y correr por aquella llanura, más rápido que el viento. Don Quijote se contentó con la bacía que se había quedado en el suelo.

Mandó a Sancho que recogiese el yelmo.

Cuando Sancho oyó llamar yelmo a la bacía, no pudo contener la risa.

-¿De qué te ríes, Sancho? -dijo don Quijote.

-Me río -respondió él-, de considerar la gran cabeza que debía de tener el que llevaba este yelmo, que es tan grande que parece una bacía de barbero.

-¿Sabes lo que imagino, Sancho? Este famoso yelmo encantado llegó a manos de un caballero que no supo conocer ni estimar su valor. Y sin saber lo que hacía, viendo que era de oro purísimo, vendió una parte del yelmo, y ahora la mitad que queda parece bacía de barbero, como tú dices. Pero más vale algo que nada y será suficiente para defenderme de las piedras.

-Eso será -dijo Sancho- si no se tiran las piedras con una honda, como en el combate de los dos ejércitos, cuando le rompieron a vuestra merced los dientes y la botella donde conservaba aquel brebaje que me hizo vomitar las tripas.

No me da mucha pena haberlo perdido, porque tú sabes, Sancho -dijo don Quijote-, que yo tengo la receta en la memoria.

Capítulo XIII

abían andado poca distancia cuando don Quijote alzó los ojos y vio que venían por el mismo camino doce hombres a pie, todos atados por la misma cadena de hierro y todos con esposas[212] a las manos. También venían con ellos dos hombres a caballo con escopetas y dos a pie con espada. Cuando Sancho los vio, dijo:

-Es una cadena de galeotes, gente que el rey obliga a ir a las galeras.

[212] *esposas:* aquí, anillos de hierro con que se sujeta a los presos por las muñecas.

-¿Cómo que el rey obliga? -preguntó don Quijote-, ¿es posible que el rey pueda obligarlos?

-No digo eso -respondió Sancho-, sino que es gente que por sus delitos va condenada a servir al rey en las galeras.

-En resolución -replicó don Quijote-, esta gente va porque la obligan y no de su propia voluntad.

-Así es -dijo Sancho.

-Pues de esta manera -dijo su amo-, entra en las obligaciones de mi oficio de caballero andante socorrer a los miserables.

-Pero, dese cuenta, vuestra merced -dijo Sancho-, que esta gente no es víctima de una injusticia. El rey los castiga a causa de sus delitos.

En este momento llegó la cadena de los galeotes y don Quijote pidió con mucha cortesía a los guardias que le dijesen por qué los llevaban de aquella manera.

Uno de los guardias respondió que eran galeotes del rey, que iban a las galeras y que él no podía ni sabía decir más.

-Con todo esto -replicó don Quijote-, quisiera saber de cada uno de ellos la causa de su desgracia.

-Ellos se lo dirán si quieren -respondió el otro guardia.

-Con este permiso, don Quijote se acercó a la cadena de los galeotes y preguntó al primero por qué estaba en tan mala situación.

Respondió el galeote que era porque se había enamorado.

-¿Por eso no más? -replicó don Quijote-. Pues, si echan a galeras a los enamorados, hace mucho tiempo que yo debería estar bogando[213] en ellas.

[213] *bogando:* remando, trabajando con el remo para mover el barco.

-No son amores como los que vuestra merced piensa -dijo el galeote-; quería tanto a una canasta[214] de ropa

[214] *canasta:* cesta.

blanca y la tenía en mis brazos tan fuertemente que si no me la hubiera quitado la justicia por fuerza, nunca la habría abandonado. Por este robo me condenaron a tres años de galeras.

-Yo voy por cinco años a las galeras -dijo otro galeote-, porque me faltaron diez monedas de oro.

-Yo le daría veinte de muy buena gana -dijo don Quijote- para salvarle de esta pena.

-Si hubiera tenido, cuando las necesitaba, las veinte monedas que ahora me ofrece vuestra merced, habría pagado con ellas al juez y ahora me vería libre en mitad de la plaza de Toledo.

[215] *venerable:* digno de respeto.

Pasó don Quijote a otro hombre de barba blanca y venerable[215] rostro. Cuando le preguntó por qué estaba aquí, comenzó a llorar y no respondió palabra. Pero otro galeote dijo:

[216] *alcahuete:* persona que sirve de intermediario en las relaciones amorosas ilícitas.

-Este hombre va por cuatro años a galeras, condenado por alcahuete[216].

-Solamente por alcahuete no merecía este hombre venerable ir a las galeras -dijo don Quijote-, porque es un oficio muy necesario en una república bien ordenada; y sólo lo deberían ejercer gente inteligente y no mujercillas idiotas y de poco entendimiento.

-Así es -dijo el buen viejo-. Nunca pensé que hacía mal en esto, porque toda mi intención era que todo el mundo tuviese placer y viviese en paz.

Don Quijote preguntó a otro qué delito había cometido.

-Yo, señor, vivía con cuatro mujeres. Lo descubrieron y me condenaron a galeras por seis años.

Tras todos estos venía un hombre de muy buen aspecto, de edad de treinta años, más cargado de cadenas que los otros, y dijo el guardia que aquel solo había cometido más delitos que todos los otros.

-Va por diez años -añadió el guardia- y es el famoso Ginés de Pasamonte.

-Si quiere conocer mi vida -dijo el hombre-, sepa que soy Ginés de Pasamonte y que mi vida está escrita en un libro.

-Y ¿cómo se titula el libro? -preguntó don Quijote.

-*La vida de Ginés de Pasamonte* -respondió el mismo.

-¿Y está acabado?

-¿Cómo puede estar acabado -replicó él-, si aún no está acabada mi vida?

Don Quijote, volviéndose hacia todos los hombres de la cadena, dijo:

-De todo lo que me habéis dicho, hermanos, he sacado en limpio[217] que, aunque os han castigado por vuestras culpas, vais a las galeras muy de mala gana y contra vuestra voluntad. Mi oficio de caballero andante es el de

[217] *he sacado en limpio:* he llegado a la conclusión.

favorecer y socorrer a los desdichados. Por eso quiero pedir a estos señores guardias que os dejen ir en paz porque me parece mal hacer esclavos a los que Dios y la naturaleza hicieron libres.

-¡Qué tontería! -respondió el guardia-, no tenemos autoridad para dejarlos ir, ni usted para mandarnos. Váyase vuestra merced y ponga derecha esta bacía que lleva en la cabeza.

-Usted es un sinvergüenza -respondió don Quijote-. Y, diciendo esto, atacó sin que el guardia tuviese tiempo de ponerse en defensa. Le dio un golpe con la lanza y lo dejó, muy gravemente herido, en el suelo.

Los demás guardias quedaron sorprendidos, pero rápidamente pusieron mano a sus espadas y arremetieron contra don Quijote, que con mucha tranquilidad los esperaba.

Los galeotes, como vieron una ocasión favorable de recuperar su libertad, intentaron romper sus cadenas.

En una gran confusión los guardias corrían de los galeotes a don Quijote y no hacían cosa que fuese útil y buena.

Sancho, por su parte, ayudó a Ginés de Pasamonte a romper sus cadenas. Éste, cuando se vio libre, cogió la espada y la escopeta del guardia herido mientras los otros galeotes atacaban a sus guardias tirando piedras. Así, vencidos y maltratados por todas partes, los guardias tuvieron que huir.

Don Quijote llamó a todos los galeotes y les dijo:

[218] *ingratitud:* olvido o desprecio de los beneficios y favores recibidos.

-Uno de los pecados que más ofende a Dios es la ingratitud[218]. Lo digo porque habéis visto el gran servicio que habéis recibido de mí. En pago de este servicio quiero que vayáis, cargados de las cadenas que quité de vuestros cuellos, a la ciudad del Toboso. Y es mi voluntad que allí os presentéis ante la señora Dulcinea del Toboso, y le digáis que su caballero, el de la Triste Figura, os envía, y le contéis, punto por punto, esta famosa aventura.

Respondió por todos Ginés de Pasamonte, y dijo:

-Lo que vuestra merced nos manda, señor y libertador nuestro, es imposible, porque no podemos ir juntos por los caminos sino cada uno por su parte. La guardia rural, sin duda alguna, ha de salir a buscarnos y no queremos que nos encuentre. Así, pensar que vamos a ir al Toboso, es pensar que ahora es de noche.

-Hijo de puta -dijo don Quijote encolerizado-, juro que has de ir tú solo y cargado de todas las cadenas.

Pasamonte, que se había dado cuenta de la locura de don Quijote, hizo una señal a sus compañeros que se apartaron y empezaron a tirar piedras.

Tantas piedras recibió don Quijote que no pudo protegerse y cayó al suelo. Sancho se puso detrás de su asno y con él se protegía de la nube de piedras que sobre él y su asno caía.

Uno de los galeotes le quitó a don Quijote la bacía de la cabeza y con ella le dio tres o cuatro golpes en las espaldas. También le robaron los otros una parte de sus vestidos y dejaron a Sancho casi desnudo. Después se fueron cada uno por su parte para que la guardia rural no los pudiera hallar.

Solos quedaron el asno y Rocinante, Sancho y don Quijote. El asno pensativo sacudía de vez en cuando las orejas, imaginándose que aún no había cesado la lluvia de piedras.

Don Quijote, triste de verse tan maltratado por los mismos a quienes tanto bien había hecho, dijo a su escudero:

[219] *villanos:* los que no son nobles o hidalgos.

-Siempre, Sancho, lo he oído decir: "el hacer bien a villanos[219] es echar agua en la mar".

Capítulo XIV

i vuestra merced me hubiera creído -dijo Sancho-, nos habríamos evitado el daño de esta aventura. Créame ahora para evitar otro daño peor; porque con la guardia rural no sirve para nada la caballería.

-Naturalmente eres cobarde[220], Sancho -dijo don Quijote-; pero para que no digas que no hago jamás lo que tú me aconsejas, por esta vez quiero seguir tu consejo.

[220] *cobarde:* sin ánimo ni valor.

Pero ha de ser con una condición: que jamás, en vida o en muerte, has de decir que yo me retiré y aparté de este peligro por miedo sino por satisfacerte. Y si dices otra cosa mentirás.

[221] *no se arrepienta:* no le pese, no lamente.

-Señor -respondió Sancho-, retirarse no es huir. Así que no se arrepienta[221] de haber seguido mi consejo, suba sobre Rocinante si puede, o si no, yo le ayudaré, y sígame.

[222] *replicarle:* responderle.

Subió don Quijote sin replicarle[222] más palabra y se entraron en la Sierra Morena que estaba muy cerca y se prepararon a pasar la noche.

-Te hago saber Sancho -dijo don Quijote al día siguiente- que tengo el deseo de hacer en estas montañas una proeza; y con ella he de ganar nombre y fama en toda la tierra.

-Y ¿es de muy grande peligro esta proeza? -preguntó Sancho Panza.

-No -respondió el Caballero de la Triste Figura-; pero va a depender de tu rapidez.

-¿De mi rapidez? -dijo Sancho.

-Sí -dijo don Quijote-; porque si vuelves pronto de adonde pienso enviarte, pronto se acabará mi pena, y pronto comenzará mi gloria.

[223] *penitencia:* aquí, serie de ejercicios de mortificación de las pasiones.
[224] *desdeñar:* tratar con indiferencia o despreciar.

Así has de saber, Sancho, que el famoso Amadís de Gaula fue el más perfecto de todos los caballeros andantes. Es el ejemplo que todos los caballeros enamorados debemos imitar. Una de las acciones en que este caballero ganó más fama y mostró su valor y su amor fue cuando se retiró a hacer penitencia[223] en las montañas de Peña Pobre porque Oriana desdeñaba[224] su amor.

Me parece a mí más fácil imitarlo en esto que en matar gigantes, combatir ejércitos y deshacer encantamientos.

Estas montañas son tan convenientes para hacer penitencia que no quiero dejar pasar la ocasión.

-En efecto -dijo Sancho-, ¿qué es lo que vuestra merced quiere hacer en estas montañas?

-¿No te lo he dicho ya? - respondió don Quijote-, quiero imitar a Amadís haciendo aquí el desesperado, el loco, o el furioso para imitar a Roldán cuando descubrió la infidelidad[225] de Angélica la Bella. Y así, haciendo el loco lo mejor que pueda, ganaré tanta fama y gloria como ellos.

[225] *infidelidad:* falta de lealtad en la fe que se debe a otro.

-Me parece a mí -dijo Sancho- que los caballeros que hicieron estas cosas fueron provocados y tuvieron motivo para hacer esas tonterías y penitencias; pero vuestra merced, ¿qué motivo tiene para volverse loco? ¿Qué dama le ha desdeñado y qué pruebas ha hallado de la infidelidad de la señora Dulcinea del Toboso?

-Ésa es la fineza[226] de mi razonamiento -respondió don Quijote-, porque volverse loco un caballero andante con causa y motivo es cosa común y no tiene gracia. Lo importante está en hacer el loco y desesperado sin causa y así dar a entender a mi dama que si hago esto sin motivo, ¿de qué sería capaz si lo tuviese?

[226] *fineza:* perfección, sutileza.

Así que, Sancho amigo, no pierdas tiempo en aconsejarme. Loco soy, loco he de ser hasta que tú vuelvas con la respuesta de una carta que, contigo, pienso enviar a mi señora Dulcinea.

Si la respuesta satisface mis esperanzas se ha de acabar mi locura y penitencia; y si fuese lo contrario, seré loco de veras, y, siéndolo, no sentiré nada.

Pero dime, Sancho, ¿traes bien guardado el yelmo de Mambrino? Vi que lo recogiste cuando nos dejaron los galeotes.

-¡Vive Dios!, señor Caballero de la Triste Figura, no puedo soportar con paciencia algunas cosas que vuestra merced dice. A través de ellas vengo a imaginar que todo lo que me dice de caballerías, de ganar reinos e imperios, y de dar ínsulas, debe de ser cosa de viento y mentira, porque, ¿qué puede pensar el que oye decir a vuestra merced que una bacía de barbero es el yelmo de Mambrino? ¿Qué ha de pensar sino que la persona que dice tal tontería debe de tener el juicio perturbado? La bacía yo la llevo para hacerme la barba en ella, si Dios quiere que algún día me vea en mi casa con mi mujer e hijos.

-Mira Sancho -dijo don Quijote-, te juro que tienes el más corto entendimiento[227] que tiene ni tuvo escudero en el mundo.

¿Cómo es posible que tú que andas conmigo desde hace tanto tiempo no hayas visto que todas las cosas de los caballeros andantes parecen locuras y hechas al revés? Siempre andan entre nosotros una multitud de encantadores que cambian y transforman las cosas según su gusto.

Y así, eso que a ti te parece bacía de barbero, me parece a mí el yelmo de Mambrino, y a otro le parecerá otra cosa. El encantador que me es favorable hace que parezca bacía a todos, lo que real y verdaderamente es yelmo de Mambrino. Y si no fuera así, todos me perseguirían[228] para quitármelo.

Guárdalo, amigo, que ahora no lo necesito porque pienso quitarme todas estas armas y quedar desnudo como cuando nací para imitar en mi penitencia más a Roldán que a Amadís.

[227] *entendimiento:* inteligencia.

[228] *me perseguirían:* irían tras de mí.

Llegaron al pie de una alta montaña. Allí corría un río por un prado tan verde que daba alegría a los ojos que lo miraban. Había muchos árboles, algunas plantas y flores.

El Caballero de la Triste Figura decidió hacer su penitencia en este lugar, y comenzó a decir en voz alta:

-Éste es el lugar, ¡oh cielos!, donde voy a llorar mi desdicha. Éste es el sitio donde las lágrimas de mis ojos aumentarán las aguas de este pequeño río, y mis profundos suspiros moverán las hojas de estos árboles en testimonio y señal de la pena que mi corazón sufre.

¡Oh vosotros, rústicos dioses que vivís en este inhabitable lugar, oíd las quejas de este desdichado amante que ha venido a lamentarse!

¡Oh Dulcinea del Toboso, día de mi noche, estrella de mi felicidad, considera el estado al que tu ausencia me ha conducido!

¡Oh tú, escudero mío, agradable compañero de mis proezas y de mis penas, guarda bien en la memoria lo que aquí me verás hacer para que lo cuentes y recites!

Y diciendo esto, se apeó de Rocinante, le quitó la silla, y le dijo:

-Libertad te da el que sin ella queda, ¡oh caballo tan famoso por tus aventuras como desdichado por tu suerte! Tú, que no igualaron los caballos de los más famosos caballeros andantes, ¡vete por donde quieras!

Cuando vio esto Sancho, dijo:

-Señor Caballero de la Triste Figura, si es verdad que debo ir al Toboso, mejor será que vuelva a ponerle la silla a Rocinante, porque, a caballo, iré y volveré más rápidamente.

-Digo, Sancho -respondió don Quijote-, que no me parece mal tu idea; y digo que dentro de tres días te irás, porque quiero que veas lo que por Dulcinea hago y digo, para que se lo digas y cuentes.

-Pues ¿qué más tengo que ver? -dijo Sancho-. Considero que ya he visto todas las locuras que puede hacer vuestra merced en tres días y contaré estas maravillas a la señora Dulcinea. Escriba ahora la carta y mándeme luego porque tengo gran deseo de volver a sacarle de este purgatorio[229] donde le dejo.

-¿Purgatorio lo llamas, Sancho? -dijo don Quijote-, infierno deberías llamarlo.

-Purgatorio es -respondió Sancho- porque el que está en el infierno nunca sale de él ni puede. Pasará al revés con vuestra merced porque iré al Toboso, me pondré delante de mi señora Dulcinea, le diré las locuras que vuestra merced ha hecho y está haciendo, volveré inmediatamente y le sacaré de este purgatorio que parece infierno y no lo es porque hay esperanza de salir de él.

-Así es la verdad -dijo el de la Triste Figura-; pero te quiero contar, Sancho, que mis amores y los suyos han sido siempre platónicos[230]. Puedo jurar que en doce años, no la he visto cuatro veces. Quizás en estas cuatro veces no haya visto ella que yo la miraba, tal es la modestia y reserva en las que su padre Lorenzo Corchuelo y su madre Aldonza Nogales la han criado[231].

-¡Ta, ta! -dijo Sancho-. ¿La hija de Lorenzo Corchuelo es la señora Dulcinea del Toboso, llamada por otro nombre Aldonza Lorenzo?

-Ésa es -dijo don Quijote-, y es la que merece ser señora de todo el universo.

[232] *hecha y derecha y de pelo en pecho:* elogios que se dicen más de un hombre que de una mujer; indican rectitud y firmeza.
[233] *hi de puta:* hijo de puta; expresión malsonante y grosera.
[234] *campanario:* torre de la iglesia.

-Bien la conozco -dijo Sancho-, y puedo decir que es tan fuerte como un hombre. ¡Vive Dios, que es moza sensata, hecha y derecha y de pelo en pecho[232]! ¡Oh, hi de puta[233], qué robustez y qué voz! Sé decir que se puso un día encima del campanario[234] del pueblo a llamar a unos criados suyos que estaban a más de media legua de allí, y la oyeron como si estuvieran al pie de la torre.

Ya quisiera verme en camino, sólo por verla. Pero confieso a vuestra merced una verdad, señor don Quijote: hasta aquí he estado en una gran ignorancia porque pensaba que la señora Dulcinea debía de ser alguna princesa de la que vuestra merced estaba enamorado.

-Has de saber, Sancho, si no lo sabes, que dos cosas solas incitan a amar, más que otras; que son la mucha hermosura y la buena fama, y estas dos cosas están reunidas en Dulcinea.

Y para concluir con todo, yo imagino que todo lo que digo es así, y lo pinto en mi imaginación como lo deseo.

-Digo que en todo tiene vuestra merced razón -respondió Sancho-, y que yo soy un asno. Escriba vuestra merced la carta y démela que yo se la llevaré. Pero antes dígame lo que escribe porque me gustaría mucho oírlo.

-Escucha, que así dice -dijo don Quijote:

CARTA DE DON QUIJOTE A DULCINEA DEL TOBOSO

Soberana y alta señora:

El que está herido de tu ausencia, dulcísima Dulcinea del Toboso, te envía la salud[235] que él no tiene. Si tu hermosura me desprecia[236], si tus desdenes[237] me quieren alejar de ti, a pesar de mi fuerza y voluntad no podré soportar este dolor y esta pena que además de ser fuertes duran mucho. Mi buen escudero Sancho te dará entera relación[238], ¡oh bella ingrata, amada enemiga mía!, de cómo vivo a causa de ti. Si te gusta socorrerme, tuyo soy. Si no, haz lo que te guste porque con acabar mi vida habré satisfecho a tu crueldad y a mi deseo.

Tuyo hasta la muerte,

El caballero de la triste figura.

-Por vida de mi padre -dijo Sancho-, es la más bella cosa que jamás he oído. Ahora prepárese a darme su bendición porque pienso ponerme en camino sin ver las locuras que vuestra merced ha de hacer.

-Por lo menos quiero, Sancho, que me veas desnudo y hacer una o dos docenas de locuras, que las haré en menos de media hora. Así podrás irte y jurar que las has visto por tus propios ojos.

Y desnudándose con toda prisa, se puso la cabeza abajo y los pies en alto, descubriendo cosas que, por no volverlas a ver, Sancho subió sobre Rocinante y se fue, seguro de que podía jurar que su amo quedaba[239] loco.

[235] *salud:* juego de palabras entre *salud* (interjección con que se saluda) y la *salud* que no tiene don Quijote porque se considera enfermo de amor.
[236] *desprecia:* desdeña.
[237] *desdenes:* indiferencia.
[238] *dar entera relación:* contar completamente.
[239] *quedaba:* aquí, estaba.

V. O. nº 5 en pág. 115

Capítulo XV

ancho se puso en busca del camino del Toboso, y al día siguiente llegó a la venta donde le había sucedido la desgracia de la manta. Estaba dudando de si entraría o no, cuando salieron de la venta dos personas que lo reconocieron. Y dijo el uno al otro:

-¿No es Sancho Panza?

-Sí es; y aquél es el caballo de nuestro don Quijote.

Eran el cura y el barbero del pueblo de don Quijote. Como reconocieron a Sancho Panza, se fueron hacia él, y el cura le llamó por su nombre diciéndole:

-Amigo Sancho Panza, ¿dónde está tu amo?

Les reconoció Sancho Panza, pero respondió que su amo estaba en cierta parte y ocupado en cierta cosa que él no podía ni debía decir.

-No, no -dijo el barbero-, Sancho Panza, si tú no nos dices dónde está, imaginaremos que lo has matado y robado, porque vienes encima de su caballo.

-Yo no soy hombre que robo ni mato a nadie -respondió Sancho-. Mi amo está haciendo penitencia en la mitad de estas montañas. Y sin parar, les contó las aventuras que le habían sucedido. Dijo que llevaba una carta a la señora Dulcinea del Toboso de la que don Quijote estaba enamorado.

Aunque ya sabían la locura de don Quijote, los dos estuvieron muy sorprendidos de lo que Sancho Panza les contaba.

-Lo que ahora se ha de hacer -dijo el cura- es sacar a nuestro amigo de aquella inútil penitencia que está haciendo. Y para pensar en lo que vamos a hacer, y para comer, que ya es hora, será bien que entremos en esta venta.

Sancho dijo que entrasen ellos, que él esperaría allí fuera y que después les diría por qué no quería entrar.

Ellos se fueron a comer y dejaron a Sancho en la puerta.

Pensaron entre los dos el modo de sacar a don Quijote de su penitencia y le vino al cura una idea que según imaginaba convendría perfectamente a la extraña locura de don Quijote.

Así, después de comer, se pusieron en camino.

Al otro día llegaron al lugar donde Sancho había dejado a su señor.

Dijeron a Sancho que fuese solo a buscar a su amo y que si éste le preguntaba si había dado la carta a Dulcinea, dijera que sí; y que ella le había respondido de palabra[240], porque no sabía leer ni escribir, que le mandaba que viniese inmediatamente a verla al Toboso.

[240] *de palabra:* oralmente.

Se fue Sancho y se quedaron los dos en un lugar por donde corría un pequeño río y le esperaron a la sombra agradable y fresca de algunos árboles.

Estaban, pues, los dos allí, descansando a la sombra, cuando vieron venir hacia ellos a dos jóvenes. Se llamaban Cardenio y Dorotea. Las desdichas de sus aventuras amorosas les habían reunido en estas montañas adonde habían venido a llorar sus penas.

Contaron ellos sus aventuras y el dolor que tenían de no poder reunirse con las personas que amaban.

El cura y el barbero les ofrecieron su ayuda y prometieron hacer todas las cosas posibles y convenientes para satisfacer su deseo y voluntad.

El barbero les contó también el motivo que les había traído, a él y al señor cura, a estas montañas, y la extraña locura de su amigo don Quijote.

En este momento oyeron voces y apareció Sancho.

Les dijo que había hallado a don Quijote desnudo en camisa, flaco, amarillo, muerto de hambre y suspirando por su señora Dulcinea. También don Quijote le había dicho que no quería aparecer ante su señora antes de que hubiese hecho proezas que le hiciesen digno de ella.

A todo esto respondió el cura que lo iban a sacar de allí. Contó después a Cardenio y Dorotea la idea que él y el barbero tenían, sin que los oyera Sancho Panza.

Lo que habían pensado era que el barbero se vestiría con vestidos de doncella andante y él se vestiría de escudero lo mejor que pudiesen. Así irían adonde don Quijote estaba, y fingiendo el barbero ser una doncella afligida[241], le pediría su ayuda; ayuda que don Quijote, como valeroso caballero andante, se vería obligado a darle.

[241] *afligida:* triste y afectada.

Cuando oyó esto, Dorotea dijo:

-Yo haré la doncella afligida mejor que el barbero, además tengo aquí vestidos para hacerlo muy bien.

También les dijo ella que había leído muchos libros de caballerías y sabía bien el estilo que tenían las doncellas que pedían su ayuda a los caballeros andantes.

-Pues no vamos a esperar más -dijo el cura-, parece que la buena suerte se muestra en nuestro favor.

Se puso Dorotea unos vestidos y joyas magníficos que llevaba en una bolsa y, en un instante, pareció una rica y gran señora. Todos admiraron su mucha gracia y hermosura. A Sancho le pareció que en todos los días de su vida no había visto tan hermosa persona y preguntó quién era.

[242] *heredera:* persona que por testamento o por ley sucede a otra.

[243] *usurpa:* quita con violencia e ilegítimamente.

-Esta hermosa señora -respondió el cura-, Sancho hermano, es la heredera[242] del reino de Micomicón que viene en busca de tu amo a pedirle su ayuda porque un gigante malo usurpa[243] el poder en sus tierras.

-¿Y cómo se llama la pobre princesa? -preguntó Sancho.

-Se llama -respondió el cura- la princesa Micomicona, porque llamándose su reino Micomicón, claro está que ella se ha de llamar así.

Ya se había puesto Dorotea sobre la mula del cura, y el barbero, con una falsa barba para que don Quijote no le reconociese, le servía de escudero; así dijeron a Sancho que los condujese adonde estaba su amo.

Anduvieron tres cuartos de legua y descubrieron a don Quijote ya vestido, aunque no armado. Cuando Dorotea le vio se fue hacia él y se puso de rodillas delante. Él intentaba levantarla pero ella, sin levantarse, le habló de esta manera:

[244] *favorecer:* ayudar, hacer favores.
[245] *solicita:* pide.

-De aquí no me levantaré, ¡oh valeroso caballero!, hasta que vuestra merced me haya prometido su ayuda. En esto aumentará la gloria de su persona porque soy la más desdichada y ofendida doncella que el sol ha visto. Si la fuerza de su brazo corresponde a la fama que tiene su nombre, está obligado a favorecer[244] y socorrer a la que le solicita[245].

-No le responderé palabra, hermosa señora -respondió don Quijote-, ni oiré más cosa hasta que se levante de tierra.

-No me levantaré, señor -respondió la afligida doncella-, si primero vuestra merced no me concede lo que le pido.

-Yo se lo doy y concedo -respondió don Quijote.

-Pues lo que pido es -dijo la doncella- que vuestra merced venga conmigo adonde yo le lleve, y me prometa que no se ha de meter en otra aventura hasta darme venganza de un gigante traidor que, contra todo derecho divino y humano, ha usurpado mi reino.

-Digo que así concedo mi ayuda -respondió don Quijote-. Con la ayuda de Dios y la de mi brazo usted se verá pronto sentada en el trono de su antiguo y gran estado.

Don Quijote la hizo levantar y la abrazó con mucha cortesía. Mandó a Sancho que preparase sus armas y su caballo, y cuando estuvo armado dijo:

-Vámonos de aquí, en el nombre de Dios, a ayudar a esta gran señora.

Hacía muchas horas que estaban caminando cuando don Quijote le dijo a Sancho:

²⁴⁶ *ensartar:* pasar por un hilo.
²⁴⁷ *bordar:* hacer dibujos en una tela con hilo.

-Dime ahora, Panza amigo: ¿Dónde, cómo y cuándo hallaste a Dulcinea? ¿Qué hacía? ¿Qué le dijiste? ¿Qué te respondió? ¿Qué hacía aquella reina de la hermosura cuando llegaste? Estoy seguro de que la hallaste ensartando²⁴⁶ perlas o bordando²⁴⁷ con hilo de oro muy fino.

-No -respondió Sancho-, la hallé transportando dos montones de trigo en un corral de su casa.

-Pues -dijo don Quijote- los granos de aquel trigo eran granos de perlas si los tocaban sus manos. Pero cuando le diste mi carta, ¿la besó?, ¿hizo alguna ceremonia digna de tal carta, o qué hizo?

-Cuando yo se la iba a dar -respondió Sancho-, estaba trabajando y me dijo: "Amigo, pon esta carta aquí, que no la puedo leer hasta que acabe mi trabajo."

-¡Discreta señora! -dijo don Quijote-. Eso debió de ser para leerla despacio después. Adelante, Sancho. ¿Qué te preguntó de mí? Y tú, ¿qué le respondiste? Acaba, cuéntamelo todo.

-Ella no me preguntó nada -dijo Sancho; pero yo le dije cómo vuestra merced quedaba haciendo penitencia, desnudo, entre estas montañas; durmiendo en el suelo, sin comer, llorando y maldiciendo su suerte.

-Pero dime, Sancho, -replicó don Quijote- cuando llegaste junto a ella, ¿no sentiste un olor divino, una fragancia[248] aromática?

[248] *fragancia:* perfume.

-Lo que sé decir -dijo Sancho- es qué sentí un olor a hombre que debía de ser que ella, con el ejercicio, estaba sudando.

-Te debiste de oler a ti mismo -respondió don Quijote- porque yo sé muy bien a qué huele aquella rosa. Y bien -continuó don Quijote-, ¿qué hizo cuando leyó la carta?

-La carta -dijo Sancho- no la leyó, porque dijo que no sabía leer ni escribir, pero dijo que era suficiente lo que yo le había dicho del amor de vuestra merced y de la penitencia que estaba haciendo. Y finalmente me dijo que dijese a vuestra merced que le besaba las manos y que allí quedaba con muchos deseos de verle en el Toboso.

Le pregunté si había ido allá el vizcaíno; me dijo que sí y que era un hombre de bien. También le pregunté por los galeotes; pero me dijo que no había visto hasta entonces a ninguno.

Todo va bien hasta ahora -dijo don Quijote- pero, amigo Sancho, me es difícil creer que en tan poco tiempo hayas ido y vuelto desde estas montañas al Toboso. Digo que esto se debe a que algún encantador, amigo mío, te debió de llevar volando.

-Así debió de ser -dijo Sancho-, porque andaba Rocinante como si estuviera volando.

Hablando así, llegaron a la venta que tanto miedo daba a Sancho Panza.

La ventera, el ventero, su hija y Maritornes, que vieron venir a don Quijote y a Sancho, salieron a recibirles con mucha alegría.

[249] *lecho:* cama.

Don Quijote les dijo que le preparasen un lecho[249] mejor que la vez pasada; y la ventera le respondió que si le pagaba mejor que la otra vez, ella se lo daría.

[250] *razonable:* aquí, regular.

Don Quijote dijo que sí, y le prepararon una cama razonable[250] en el mismo aposento. Él se acostó inmediatamente porque venía muy cansado.

Todos dejaron descansar a don Quijote y se fueron a comer. Después de la comida empezaron a hablar con el ventero, su mujer, su hija y Maritornes de la extraña locura de don Quijote.

De esto estaban hablando cuando Sancho Panza salió muy agitado del aposento donde descansaba don Quijote gritando:

-Venid, señores, y socorred a mi señor, que está metido en la más terrible batalla que mis ojos han visto. ¡Vive Dios! De un solo golpe de espada le ha cortado la cabeza de par en par a ese gigante enemigo de la señora princesa Micomicona.

-¿Qué dices, hermano? -dijo el cura-. ¿Cómo diablos puede ser eso, si el gigante está a más de dos mil leguas de aquí?

Oyeron un gran ruido en el aposento, y a don Quijote que decía a voces:

[251] *tente:* aquí, párate.

-¡Tente[251], ladrón, ya te he vencido y de nada te puede servir tu arma!

Y parecía que daba en las paredes grandes golpes con la espada.

-Sin duda alguna, -dijo Sancho-, el gigante ya está muerto y dando cuenta a Dios de su pasada y mala vida, porque yo vi correr la sangre por el suelo y la cabeza cortada del gigante que se parece a un gran cuero[252] de vino.

[252] *cuero:* aquí, piel que, cosida, sirve para contener vino, odres.

-Que me maten -dijo en este momento el ventero- si don Quijote, o don diablo, no ha dado algún golpe en uno de los cueros de vino tinto que están en el aposento y el vino derramado[253] debe de ser lo que le parece sangre a este buen hombre.

[253] *derramado:* vertido.

Y diciendo esto entró en el aposento. Todos le siguieron.

Hallaron a don Quijote en camisa y con la espada daba grandes golpes a todas partes, diciendo palabras como si verdaderamente estuviera combatiendo con algún gigante. Y lo bueno es que no tenía los ojos abiertos, porque estaba durmiendo y soñaba que estaba en batalla con el gigante. Había dado tantos golpes en los cueros, creyendo que los daba en el gigante, que todo el aposento estaba lleno de vino.

Cuando lo vio el ventero, fue tal su cólera que se lanzó sobre don Quijote y le dio tantos golpes que fue necesario que el cura los separara.

Con todo aquello no despertaba el pobre caballero. El barbero trajo un gran recipiente de agua fría y se lo echó por todo el cuerpo. Así despertó mientras Sancho andaba buscando por todo el suelo la cabeza del gigante, y como no la halló dijo:

-Ya yo sé que todo lo que pasa en esta casa es encantamiento, porque ahora no aparece esta cabeza que vi cortar por mis propios ojos, y la sangre corría del cuerpo como de una fuente.

-¿Qué sangre ni qué fuente dices, enemigo de Dios? -dijo el ventero-. ¿No ves, ladrón, que la sangre no es otra cosa que el vino de estos cueros que aquí están abiertos?

El cura tenía de las manos a don Quijote. Éste, creyendo que ya había terminado la aventura y que estaba delante de la princesa Micomicona, se puso de rodillas delante del cura, diciendo:

-Alta y famosa señora, bien puede vivir segura de que este mal nacido gigante no le podrá hacer mal. Y así yo me veo libre de la promesa y de la palabra que le di porque

V. O. nº 6 en págs. 115-116

he vencido con la ayuda de Dios y el favor de Dulcinea por la que vivo.

Todos reían de las locuras de don Quijote y Sancho Panza, menos la ventera que decía:

[254] *en hora mala:* expresión que se emplea para marcar disgusto, enfado o desaprobación.

-En hora mala[254] entró en mi casa este caballero andante que tan caro me cuesta.

Con mucha dificultad pusieron a don Quijote en la cama, donde se quedó dormido, y se reunieron a hablar de cómo podrían traerlo a su casa, donde pensaban que sería más fácil curarlo de su locura.

Capítulo XVI

a hacía dos días que estaban en la venta cuando vino a pasar por allí un carretero[255] de bueyes. El cura y el barbero se pusieron de acuerdo con él para que llevase a don Quijote hasta su pueblo en una jaula[256] de madera que mandaron hacer tan grande y cómoda para que pudiese contener fácilmente a nuestro hidalgo.

[255] *carretero:* el que guía un carro o carreta.
[256] *jaula:* caja hecha con enrejados para encerrar animales.

Cuando todo estuvo terminado, todos los que estaban en la venta se cubrieron la cara y vistieron de una manera o de otra, de modo que a don Quijote le pareciese ser otra gente que la que en aquel castillo había visto. Hecho esto, entraron en gran silencio adonde él estaba durmiendo. Se acercaron y, asiéndole fuertemente, le ataron las manos y los pies, de modo que, cuando él despertó, no pudo moverse ni hacer otra cosa más que sorprenderse de ver delante de sí tantas desconocidas y extrañas figuras. Inmediatamente su imaginación enferma le hizo creer que todas aquellas figuras eran fantasmas de aquel castillo encantado.

Trajeron allí la jaula, lo encerraron dentro y salieron del aposento llevándola.

Cuando salieron del aposento se oyó una voz terrible que daba miedo y decía:

-¡Oh Caballero de la Triste Figura! No te dé miedo la prisión en que vas, porque así conviene para acabar rápidamente la aventura que has comenzado. Esta aventura se acabará cuando el furioso león de la Mancha y la blanca paloma del Toboso estén reunidos. Y tú, ¡oh, el más noble escudero que tuvo barbas en el rostro y olfato[257] en las narices!, no te descontente ni enfade ver llevar así delante de tus ojos a la flor de la caballería andante, porque pronto recibirás lo que tu señor te ha prometido. Y porque no puedo decir más, adiós, yo vuelvo adonde yo solo sé.

Don Quijote quedó consolado con la profecía[258] porque entendió inmediatamente su significado y vio que le prometían verse reunido con su querida Dulcinea. Así, dando un gran suspiro, dijo:

-¡Oh tú, quienquiera que seas, que tanto bien me has pronosticado[259]! Te ruego que pidas de mi parte al encantador que se ocupa de mis cosas, que no me deje morir en esta prisión para que pueda ver realizarse tan alegres e incomparables promesas como son las que aquí se me han hecho. Así tendré por placer las penas de mi cárcel[260]. En cuanto a Sancho, no podrá perder su salario porque en mi testamento, que ya está hecho, he declarado lo que se le ha de dar en pago de sus buenos servicios.

Sancho Panza le besó las manos. Después tomaron la jaula y la pusieron en el carro de los bueyes.

[257] *olfato:* sentido con que se perciben los olores.

[258] *profecía:* predicción sobrenatural.

[259] *pronosticado:* aquí, profetizado.
[260] *cárcel:* lugar donde se encierra a los presos.

Cuando don Quijote se vio en la jaula y encima del carro, dijo:

-Yo he leído muchas historias de caballería andante; pero jamás he leído, ni visto, ni oído, que a los caballeros los llevaban de esta manera y tan lentamente como prometen hacerlo estos perezosos[261] animales. Siempre los llevan por los aires, muy rápidamente y encerrados en una nube o en algún carro de fuego. Que me lleven a mí ahora sobre un carro de bueyes, ¡vive Dios que me pone en confusión! Pero quizás la caballería y los encantos de nuestros tiempos deben seguir otro camino que el que siguieron los antiguos.

Así volvió don Quijote a su lugar y a su casa y se acaba la primera parte de la historia de su vida.

FIN DE LA PRIMERA PARTE

[261] *perezosos:* indolentes y lentos.

V. O. nº 7 en págs. 116-117

V. O. nº 1, de pág. 9

En un lugar de la Mancha, de cuyo nombre no quiero acordarme, no ha mucho tiempo que vivía un hidalgo de los de lanza en astillero, adarga antigua, rocín flaco y galgo corredor. Una olla de algo más vaca que carnero, salpicón las más noches, duelos y quebrantos los sábados, lentejas los viernes, algún palomino de añadidura los domingos, consumían las tres partes de su hacienda. El resto della concluían sayo de velarte, calzas de velludo para las fiestas, con sus pantuflos de lo mesmo, y los días de entresemana se honraba con su vellori de lo más fino. Tenía en su casa una ama que pasaba de los cuarenta, y una sobrina que no llegaba a los veinte, y un mozo de campo y plaza, que así ensillaba el rocín como tomaba la podadera. Frisaba la edad de nuestro hidalgo con los cincuenta años; era de complexión recia, seco de carnes, enjuto de rostro, gran madrugador y amigo de la caza.

***

V. O. nº 2, de págs. 31-32

En este tiempo solicitó don Quijote a un labrador vecino suyo, hombre de bien -si es que este título se puede dar al que es pobre-, pero de muy poca sal en la mollera. En resolución, tanto le dijo, tanto le persuadió y prometió, que el pobre villano se determinó de salirse con él y servirle de escudero. Decíale, entre otras cosas, don Quijote que se dispusiese a ir con él de buena gana, porque tal vez le podía suceder aventura que ganase, en quítame allá esas pajas, alguna ínsula y le dejase a él por gobernador della. Con estas promesas y otras tales, Sancho Panza, que así se llamaba el labrador, dejó su mujer y hijos y asentó por escudero de su vecino.

Dio luego don Quijote orden en buscar dineros, y, vendiendo una cosa, y empeñando otra, y malbaratándolas todas, llegó una razonable cantidad. Acomodóse asimesmo de una rodela, que pidió prestada a un su amigo y, pertrechando su rota celada lo mejor que pudo, avisó a su escudero Sancho del día y la hora que pensaba ponerse en camino para que él se acomodase de lo que viese que más le era menester. Sobre todo le encargó que llevase alforjas; e dijo que sí llevaría, y que ansimesmo pensaba llevar un asno que tenía muy bueno, porque él no estaba duecho a andar mucho a pie. En lo del asno reparó un poco don Quijote, imaginando si se le acordaba si algún caballero andante había traído escudero caballero asnalmente; pero nunca le vino alguno a la memoria; mas con todo esto determinó que le llevase, con presupuesto de acomodarle de más honrada caballería en habiendo ocasión para ello, quitándole el caballo al primer descortés caballero que topase. Proveyóse de camisas y de las demás cosas que él pudo, conforme al consejo que el ventero le había dado; todo lo cual hecho y cumplido, sin despedirse Panza de sus hijos y mujer, ni don Quijote de su ama y sobrina, una noche se salieron del lugar sin que persona los viese; en la cual caminaron tanto, que al amanecer se tuvieron por seguros de que no los hallarían aunque los buscasen.

***

V. O. nº 3, de págs. 45-46

-Dichosa edad y siglos dichosos aquellos a quien los antiguos pusieron nombre de dorados, y no porque en ellos el oro, que en esta nuestra edad de hierro tanto se estima, se alcanzase en aquella venturosa sin fatiga alguna, sino porque entonces los que en ella vivían ignoraban estas dos palabra de *tuyo y mío*. Eran en aquella santa edad todas las cosas comunes: a nadie le era necesario para alcanzar su ordinario sustento tomar otro trabajo que alzar la mano y alcanzarle de las robustas encinas, que liberalmente les estaban convidando con su dulce y sazonado fruto. Las claras fuentes y corrientes ríos, en magnífica abundancia, sabrosas y transparentes aguas les ofrecían. En las quiebras de las peñas y en lo hueco de los árboles formaban su república las solícitas y discretas abejas, ofreciendo a cualquiera mano, sin interés alguno, la fértil cosecha de su dulcísimo trabajo. Los valientes alcornoques despedían de sí, sin otro artificio que el de su cortesía, sus anchas y livianas cortezas, con que se comenzaron a cubrir, sobre rústicas estacas sustentadas, no más que para defensa de las inclemencias del cielo. Todo era paz entonces, todo amistad, todo concordia; aún no se había atrevido la pesada reja del corvo arado a abrir ni visitar las entrañas piadosas de nuestra primera madre, que ella, sin ser forzada, ofrecía, por todas las partes de su fértil y espacioso seno, lo que pudiese hartar, sustentar y deleitar a los hijos que entonces la poseían. Entonces sí que andaban las simples y hermosas zagalejas de valle en valle y de otero en otero en trenza y en cabello, sin más vestidos de aquellos que eran menester para cubrir honestamente lo que la honestidad quiere y ha querido siempre que se cubra, y no eran sus adornos de los que ahora se usan, a quien la púrpura de Tiro y la por tantos modos martirizada seda encarecen, sino de algunas hojas verdes de lampazos y yedra entretejidas, con lo que quizá iban tan pomposas y compuestas como van agora nuestras cortesanas con las raras y peregrinas invenciones que la curiosidad ociosa les ha mostrado. Entonces se decoraban los concetos amorosos del alma simple y sencillamente del mesmo modo y manera que ella los concebía, sin buscar artificioso rodeo de palabras para encarecerlos. No había la fraude, el engaño ni la malicia mezcládose con la verdad y llaneza. La justicia se estaba en sus proprios términos, sin que la osasen turbar ni ofender los del favor y los del interese, que tanto ahora la menoscaban, turban y persiguen. La ley del encaje aún no se había sentado en el entendimiento del juez, porque entonces no había que juzgar, ni quien fuese juzgado. Las doncellas y la honestidad andaban, como tengo dicho, por dondequiera, sola y señora, sin temor que la ajena desenvoltura y lascivo intento le menoscabasen, y su perdición nacía de su gusto y propria voluntad. Y agora, en estos nuestros detestables siglos, no está segura ninguna, aunque la oculte y cierre otro nuevo laberinto, como el de Creta; porque allí, por los resquicios o por el aire, con el celo de la maldita solicitud se les entra la amorosa pestilencia y les hace dar con todo su recogimiento al traste. Para cuya seguridad andando más los tiempos y creciendo más la malicia, se instituyó la orden de los caballeros andantes, para defender las doncellas, amparar las viudas y socorrer a los huérfanos, y a los menesterosos. Desta orden soy yo, hermanos cabreros, a quien agradezco el gasaje y buen acogimiento que hacéis a mí y a mi escudero. Que, aunque por ley natural están todos los que viven obligados a favorecer a los caballeros andantes, todavía, por saber que sin saber vosotros esta obligación me acogistes y regalastes, es razón que, con la voluntad a mí posible, os agradezca la vuestra.

***

V. O. nº 4, de págs. 60-61

El ventero, que le vio ir y que no le pagaba, acudió a cobrar a Sancho Panza, el cual dijo que, pues su señor no había querido pagar, que tampoco él pagaría; porque siendo él escudero de caballero andante, como era, la mesma regla y razón corría por él como por su amo en no pagar cosa alguna en los mesones y ventas. Amohinóse mucho desto el ventero, y amenazóle que si no le pagaba, que lo cobraría de modo que le pesase. A lo cual Sancho respondió que, por la ley de caballería que su amo había recebido, no pagaría un solo cornado, aunque le costase la vida, porque no había de perder por él la buena y antigua usanza de los caballeros andantes, ni se habían de quejar dél los escuderos de los tales que estaban por venir al mundo, reprochándole el quebrantamiento de tan justo fuero.

Quiso la mala suerte del desdichado Sancho que entre la gente que estaba en la venta se hallasen cuatro peraíles de Segovia, tres agujeros del Potro de Córdoba y dos vecinos de la Heria de Sevilla, gente alegre, bien intencionada, maleante y juguetona, los cuales, casi como instigados y movidos de un mesmo espíritu, se llegaron a Sancho, y, apeándole del asno, uno dellos entró por la manta de la cama del huésped, y, echándole en ella, alzaron los ojos y vieron que el techo era algo más bajo de lo que habían menester para su obra, y determinaron salirse al corral, que tenía por límite el cielo. Y allí, puesto Sancho en mitad de la manta, comenzaron a levantarle en alto, y a holgarse con él, como con perro por carnestolendas.

Las voces que el mísero manteado daba fueron tantas, que llegaron a los oídos de su amo; el cual, determinándose a escuchar atentamente, creyó que alguna nueva aventura le venía, hasta que claramente conoció que el que gritaba era su escudero; y, volviendo las riendas, con un penado galope llegó a la venta, y, hallándola cerrada, la rodeó por ver si hallaba por donde entrar; pero no hubo llegado a las paredes del corral, que no eran muy altas, cuando vio el mal juego que se le hacía a su escudero. Viole bajar y subir por el aire, con tanta gracia y presteza, que, si la cólera le dejara, tengo para mí que se riera. Probó a subir desde el caballo a las bardas; pero estaba tan molido y quebrantado, que aun apearse no pudo; y así, desde encima del caballo, comenzó a decir tantos denuestos y baldones a los que a Sancho manteaban, que no es posible acertar a escribillos; mas no por esto cesaban ellos de su risa y de su obra, ni el volador Sancho dejaba sus quejas, mezcladas ya con amenazas, ya con ruegos; mas todo aprovechaba poco, ni aprovechó, hasta que de puro cansados le dejaron.

***

V. O. nº 5, de pág. 95

Carta de don Quijote a Dulcinea del Toboso
Soberana y alta señora:
El ferido de punta de ausencia y el llagado de las telas del corazón, dulcísima Dulcinea del Toboso, te envía la salud que él no tiene. Si tu fermosura me desprecia, si tu valor no es en mi pro, si tus desdenes son en mi afincamiento, maguer que yo sea asaz de sufrido, mal podré sostenerme en esta cuita, que, además de ser fuerte, es muy duradera. Mi buen escudero Sancho te dará entera relación, ¡oh bella ingrata, amada enemiga mía! del modo que por tu causa quedo: si gustares de acorrerme, tuyo soy; y si no, haz lo que te viniere en gusto: que con acabar mi vida habré satisfecho a tu crueldad y a mi deseo.
Tuyo hasta la muerte,

El Caballero de la Triste Figura.

***

V. O. nº 6, de págs. 104-105

En esto, oyeron un gran ruido en el aposento, y que don Quijote decía a voces:

-¡Tente, ladrón, malandrín, follón; que aquí te tengo, y no te ha de valer tu cimitarra!

Y parecía que daba grandes cuchilladas por las paredes. Y dijo Sancho:

-No tienen que pararse a escuchar, sino entren a despartir la pelea, o a ayudar a mi amo; aunque ya no será menester, porque, sin duda alguna, el gigante está ya muerto, y dando cuenta a Dios de su pasada y mala vida; que yo vi correr la sangre por el suelo, y la cabeza cortada y caída a un lado, que es tamaña como un gran cuero de vino.

-Que me maten -dijo a esta sazón el ventero- si don Quijote, o don diablo, no ha dado alguna cuchillada en alguno de los cueros de vino tinto que a su cabecera estaban llenos, y el vino derramado debe de ser lo que le parece sangre a este buen hombre.

Y con esto, entró en el aposento, y todos tras él, y hallaron a don Quijote en el más estraño traje del mundo. Estaba en camisa, la cual no era tan cumplida, que por delante le acabase de cubrir los muslos, y por detrás tenía seis dedos menos; las piernas eran muy largas y flacas, llenas de vello y no nada limpias; tenía en la cabeza un bonetillo colorado, grasiento, que era del ventero; en el brazo izquierdo tenía revuelta la manta de la cama, con quien tenía ojeriza Sancho, y él se sabía bien el porqué; y en la derecha, desenvainada la espada, con la cual daba cuchilladas a todas partes, diciendo palabras como si verdaderamente estuviera peleando con algún gigante. Y es lo bueno que no tenía los ojos abiertos, porque estaba durmiendo y soñando que estaba en batalla con el gigante; que fue tan intensa la imaginación de la aventura que iba a fenecer, que le hizo soñar que ya había llegado al reino de Micomicón, y que ya estaba en la pelea con su enemigo. Y había dado tantas cuchilladas en los cueros, creyendo que las daba en el gigante, que todo el aposento estaba lleno de vino. Lo cual visto por el ventero, tomó tanto enojo, que arremetió con don Quijote, y a puño cerrado le comenzó a dar tantos golpes, que si Cardenio y el cura no se le quitaran, él acabara la guerra del gigante; y, con todo aquello, no despertaba el pobre caballero, hasta que el barbero trujo un gran caldero de agua fría del pozo y se le echó por todo el cuerpo de golpe, con lo cual despertó don Quijote; mas no con tanto acuerdo, que echase de ver de la manera que estaba.

***

V. O. nº 7, de pág. 109

Cuando don Quijote se vio de aquella manera enjaulado y encima del carro, dijo:

-Muchas y muy graves historias he yo leído de caballeros andantes; pero jamás he leído, ni visto, ni oído, que a los caballeros encantados los lleven desta manera y con el espacio que prometen estos perezosos y tardíos animales; porque siempre los suelen llevar por los aires, con estraña ligereza, encerrados en alguna parda y escura nube, o en algún carro de fuego, o ya sobre algún hipogrifo o otra bestia semejante; pero que me lleven a mí agora sobre un carro de bueyes, ¡vive Dios que me pone en confusión! Pero quizá la caballería y los encantos destos nuestros tiempos deben de seguir otro camino que siguieron los antiguos. Y también podría ser que, como yo soy nuevo caballero en el mundo, y el primero que ha resucitado el ya olvidado ejercicio de la caballería aventurera, también nuevamente se hayan inventado otros géneros de encantamentos y otros modos de llevar a los encantados.

Tareas • Tareas

Tu diccionario

Nivel III, hasta 1.500 entradas en la obra adaptada.

abajo ....

abandona ....

abeja (la) ....

abrazar ....

abreviar ....

abrir ....

abuelo, a (el, la) ....

abundancia (la) ....

acá ....

acabar ....

acaso ....

acción (la) ....

aceite (el) ....

aceptar ....

acercar ....

acoger; acogida (la); acogimiento (el) ....

....

....

acompañar ....

aconsejar ....

acordar ....

acoso (el) ....

acostarse; acostado, a ....

....

acostumbrado, a ....

acudir ....

acuerdo (el) ....

adarga (la) ....

adelante ....

además ....

adiós ....

administración (la) ....

admirar ....

adonde; adónde ....

....

adversario (el) ....

afable ....

afición (la) ....

afirmar ....

afligir ....

afrenta (la) ....

agitación (la); agitado, a ....

....

agradable ....

agradecer ....

agravio (el) ....

agua (el) ....

ahora ....

aire (el) ....

ala (el) ....

alba (el) ....

alcahuete, a (el, la) ....

alcornoque (el) ....

aldea (la) ....

alegría (la); alegre ....

....

alejar ....

alforjas (las) ....

alguien; alguno; algo ....

....

....

aliento (el) ....

alimentar; alimento (el) ....

....

allá ....

allí ....

alma (el) ....

almohada (la) ....

alojar ....

alto, a ....

alumbrar ....

alzar ....

amabilidad (la) ....

amar; amante (el, la) ....

....

amarillo, a ....

amistad (la); amigo, a (el, la) ....

....

amo, a (el, la) ....

amor (el); amoroso, a ....

....

ancho, a ....

andante ....

andar ....

animal (el) ....

anoche ....

anochecer ....

anterior ....

antes ....

antiguo ....

anunciar ....

añadir ....

año (el) ....

apagar ....

apaleado, a ....

aparecer ....

apartar ....

aparte ....

apearse ....

apenas ....

aplastar ....

aplicar ....

aposento (el) ....

apreciar ....

apretar ....

arado (el) ....

árbol (el) ....

arder; ardiente ....

....

armar; arma (el); armadura (la) ....

....

....

aromático, a ....

arreglar ....

arremangado, a ....

arremeter ....

arrepentirse ....

arriba ....

arriero (el) ....

arrogancia (la); arrogante ....

arrojar ....

asaltar ....

asco (el) ....

asegurar ....

así; asimismo ....

....

asir ....

asno (el) ....

asombrado, a ....

aspa (el) ....

aspecto (el) ....

asturiano, a (el, la) ....

atacar ....

atar ....

atención (la) ....

atentamente ....

atravesar ....

atrevimiento (el); atrevido, a ....

....

atrozmente ....

aumentar ....

aun; aún ....

....

aunque ....

ausencia (la) ....

autor, -a (el, la) ....

autoridad (la) ....

avanzar ....

avemaría (el) ....

aventura (la); aventurero, a ....

....

avisar ....

ayer ....

ayuda (la); ayudar ....

....

azotar ....

bacalao (el) ....

bacía (la) ....

bajar ....

bajo, a ....

bálsamo (el) ....

bandera (la) ....

bañar ....

barba (la); barbero (el) ....

....

barco (el) ....

barra (la) ....

bastar ....

batalla (la) ....

beber; bebida (la) ....

....

belleza (la); bello, a ....

....

bellota (la) ....

bendición (la) ....

besar ....

bien ....

blanco, a ....

blasfemia (la) ....

blasón (el) ....

boca (la) ....

bogar ....

bolsa (la) ....

bordar ....

bosque (el) ....

botella (la) ....

brazo (el) ....

brebaje (el) ....

brevedad (la) ....

brillar ....

broma (la) ....

Tu diccionario

brutalidad (la) ....

bueno, a ....

burlar; burlón, -a ....

....

buscar ....

caballo (el); caballería (la); caballero (el) ....

....

cabello (el) ....

caber ....

cabeza (la) ....

cabo (el) ....

cabra (la); cabrero (el) ....

....

cada ....

cadena (la) ....

caer; caída (la) ....

....

caja (la) ....

calentar ....

calidad (la) ....

callar ....

calma (la) ....

calor (el) ....

calzón (el) ....

cama (la) ....

cambiar ....

caminar; camino (el) ....

....

camisa (la) ....

campesino, a (el, la) ....

campo (el) ....

canalla (el, la) ....

canasta (la) ....

candil (el) ....

cansarse; cansado, a; cansancio (el);

....

cantar ....

cantidad (la) ....

capaz ....

capilla (la) ....

cara (la) ....

cárcel (la) ....

cargar; carga (la) ....

....

caritativo, a ....

carne (la) ....

carnero (el) ....

caro, a ....

carro (el); carretero (el) ....

....

carta (la) ....

cartón (el) ....

casa (la) ....

casco (el) ....

casi ....

caso (el) ....

castellano, a ....

castigar; castigo (el) ....

....

castillo (el) ....

casualidad (la) ....

causar; causa (la) ....

....

caza (la) ....

cebolla (la) ....

ceder ....

ceguedad (la) ....

celada (la) ....

celoso, a ....

cena (la) ....

cerca ....

cerebro (el) ....

ceremonia (la) ....

cerrar ....

cesar ....

choza (la) ....

cielo (el) ....

ciento ....

cierto, a ....

cinco ....

cincuenta ....

cinta (la) ....

cintura (la); cinturón (el) ....

....

circular ....

ciudad (la) ....

claridad (la); claro, a ....

....

clérigo (el) ....

cobarde ....

cocer ....

coche (el) ....

cocina (la); cocinero (el) ....

....

codo (el) ....
coger ....
cólera (la); colérico, a ....
....
collar (el) ....
coloquio (el) ....
color (el) ....
combatir; combate (el) ....
....
combinar ....
comenzar ....
comer; comida (la) ....
....
comerciante (el) ....
cometer ....
cómico, a ....
como; cómo ....
....
cómodo, a; cómodamente ....
....
compadre (el) ....
compañía (la); compañero (el) ....
....
compasivo, a ....
completamente ....
comprar ....
comprender ....
común ....
comunicar ....
concebir ....
conceder ....
concertar ....
concluir ....
concordia (la) ....
condado (el) ....
condenar ....
condición (la) ....
conducir ....
conducta (la) ....
confirmar ....
conforme ....
confusión (la); confuso, a ....
....
conocer ....
consciente ....
consejo (el) ....
consentir ....
conservar ....

considerar ....
consolar ....
contar ....
contener ....
contentar; contento, a ....
....
contestar ....
continuar ....
contrario, a ....
convenir; conveniente ....
....
corazón (el) ....
corona (la) ....
corral (el) ....
correctamente ....
correr ....
corresponder ....
corriente ....
cortar ....
cortesano, a (el, la) ....
cortesía (la) ....
corteza (la) ....
corto, a ....
cosa (la) ....
cosecha (la) ....
creer ....
criado, a (el, la) ....
crimen (el) ....
cristiano, a ....
cronista (el, la) ....
cruz (la) ....
cual ....
cualquier(a) ....
cuando; cuándo ....
....
cuanto, a ....
cuarenta ....
cuarto (el) ....
cuatro ....
cubrir ....
cuello (el) ....
cuenta (la) ....
cuento (el) ....
cuerda (la) ....
cuerno (el) ....
cuero (el) ....
cuerpo (el) ....
cuesta (la) ....

Tu diccionario

Nivel III, hasta 1.500 entradas en la obra adaptada.

cuidado (el) ....
culpa (la) ....
cumplir ....
cura (el) ....
curar ....
dañar; daño (el) ....

dar ....
deber ....
débil ....
decidir ....
decir ....
declarar ....
dedo (el) ....
defender; defensa (la).............................

dejar ....
delante ....
delgado, a ....
delicado, a ....
demás (los) ....
dentro ....
depender ....
deprisa ....
derecho, a ....
derramar ....
derribar ....
desafío (el) ....
desaparecer ....
desaguisado (el).......................................
desarmar ....
desatar ....
desayunar ....
descalzo,a ....
descansar; descanso (el) ....

descargar ....
desconocido, a ....
descontentar ....
descortés ....
descubrir ....
desdeñar ....
desdicha (la); desdichado, a ....

desear ....
desembarazar ....
desengañar ....
deseo (el) ....

desesperado, a ....
desgracia (la) ....
deshacer ....
desierto, a ....
desigual ....
desnudar; desnudo, a................................

desorden (el)..
despacio ....
despedir ....
despertar; despierto, a ....

despojo (el) ....
después ....
destreza (la) ....
desvalijar ....
desviar ....
detener ....
determinación (la) ....
detestable ....
detrás ....
devoto, a ....
día (el) ....
diablo (el) ....
diálogo (el) ....
dichoso, a ....
diente (el) ....
diez ....
diferencia (la); diferente ....

difícil; dificultad (la).................................

digno, a ....
dinero (el) ....
Dios ....
dios, -a (el, la) ....
dirigir ....
discreto, a ....
disculpa (la) ....
discurso (el) ....
discutir; discusión (la) ....

disparate (el) ....
disponer ....
disputa (la) ....
distancia (la) ....
diverso, a ....
divertirse ....

divino, a ....

doce ....

doler; dolor (el)..

....

don, doña ....

doncella (la) ....

donde; dónde; dondequiera...........................

....

....

dorado, a ....

dormir ....

dos ....

doscientos ....

dromedario (el) ....

dudar ....

dueño (el) ....

dulce ....

duque, duquesa (el, la) ....

durante ....

durar; durable..

....

duro, a ....

echar ....

edad (la) ....

efecto (el) ....

eficacia (la) ....

ejemplo (el) ....

ejercer ....

ejercicio (el) ....

ejército (el) ....

elegante ....

elogiar(se) ....

emperador, emperatriz (el, la) ....

....

empezar ....

empleo (el) ....

enamorar; enamorado, a ....

....

enano, a (el, la) ....

encantado, a; encantador, (el, la); encantamiento (el) ....

....

....

encender ....

encerrar ....

encima ....

encina (la) ....

encoger ....

encolerizado, a ....

encontrar; encontrado, a ....

enemigo, a (el, la); enemistad (la) ....

....

enfadar ....

enfermedad (la); enfermo, a ....

....

engañar ....

enorme ....

ensalada (la) ....

ensartar ....

enseñar ....

entender; entendimiento (el) ....

....

entero, a ....

entonces ....

entrañas (las) ....

entrar ....

entretejido, a ....

entusiasmo (el) ....

enviar ....

época (la) ....

equipaje (el) ....

escapar ....

escena (la) ....

esclavo, a (el, la) ....

esconder ....

escopeta (la) ....

escribir; escrito, a ....

....

escuchar ....

escudo (el); escudero (el) ....

....

esfuerzo (el) ....

espada (la) ....

espaldas (las) ....

espanto (el); espantoso, a ....

especialmente ....

especie (la) ....

esperar; esperanza (la) ....

....

espeso, a; espesura (la) ....

....

esposas (las) ....

espuelas (las) ....

estado (el) ....

estar ....

estilo (el) ....

Tu diccionario

estimar ....

estómago (el) ....

estrella (la) ....

estúpido, a ....

eterno, a; eternamente ....

....

evidente ....

evitar ....

excusa (la) ....

existir ....

experiencia (la) ....

explicación (la) ....

expresar ....

extraño, a ....

extraordinario, a ....

fabricar ....

fácil; facilidad (la); fácilmente ....

....

falso, a ....

faltar ....

fama (la); famoso, a ....

....

fantasía (la) ....

fantasma (el) ....

favor (el) ....

favorable ....

fe (la) ....

felicidad (la) ....

feroz ....

fértil ....

fiambre ....

figura (la) ....

fin (el); finalmente ....

....

fineza (la); fino, a ....

....

fingir ....

flaqueza (la); flaco, a ....

....

flor (la) ....

formar ....

fragancia (la) ....

fraile (el) ....

frente (el) ....

fresco, a ....

frío, a ....

fruto (el) ....

fuego (el) ....

fuente (el) ....

fuera ....

fuerte; fuerza (la); fuertemente ....

....

furia (la); furibundo, a ....

....

furioso, a ....

futuro (el) ....

galeote (el) ....

galera (la) ....

galope (el) ....

gana (la) ....

ganado (el) ....

ganar ....

gastar ....

gato, a (el, la) ....

generosamente ....

gente (la) ....

gentil ....

gigante (el) ....

gloria (la) ....

gobernar; gobernador (el, la); gobierno (el) ....

....

golpe (el) ....

gordo, a ....

gota (la) ....

gracia (la); gracias (las); gracioso, a ....

....

grandeza (la); grande; grandísimo, a ....

....

....

grano (el) ....

gravedad (la); grave; gravemente ......

....

....

griego, a ....

gritar; grito (el) ....

....

grosero, a ....

guardar; guarda (el); guardia (la) ......

....

....

guerra (la) ....

guiar ....

Tu diccionario

Nivel III, hasta 1.500 entradas en la obra adaptada.

gustar; gusto (el) ....

....

haber ....

habilidad (la) ....

hablar ....

hacer ....

hacha (el) ....

hallar ....

hambre (el) ....

hay ....

heredero, a (el, la) ....

hereje (el) ....

herida (la); herido, a ....

hermano, a (el, la) ....

hermosura (la); hermoso, a ....

....

hidalgo (el) ....

hierba (la) ....

hierro (el) ....

hijo, a (el, la) ....

hilo (el) ....

historia (la) ....

hoguera (la) ....

hoja (la) ....

hombre (el) ....

hombro (el) ....

honda (la) ....

honestidad (la); honestamente ....

....

honor (el) ....

honrado, a ....

hora (la) ....

horror (el); horrible ....

....

hostelero, a (el, la) ....

hoy ....

huérfano, a (el, la) ....

hueso (el) ....

huésped, a (el, la) ....

huir ....

humano, a ....

humildad (la); humilde ....

....

idea (la) ....

idiota (el, la) ....

iglesia (la) ....

ignorar; ignorante ....

....

igual; igualar ....

imaginar; imaginación (la) ....

imitar ....

imperio (el) ....

imponer ....

importante ....

imposibilidad (la); imposible ....

....

imprimir ....

inclemencia (la) ....

incluso. ....

incomparable ....

incurable ....

indolencia (la) ....

indulgencia (la) ....

infame ....

infidelidad (la) ....

infierno (el) ....

ingratitud (la); ingrato, a ....

....

ingrediente (el) ....

inhabitable ....

inigualable ....

injusticia (la) ....

inmediatamente ....

innumerable ....

insistir ....

insolencia (la) ....

instalar ....

instante (el) ....

instituir ....

ínsula (la) ....

insultar; insulto (el) ....

....

inteligente ....

intención (la); intencionado, a ....

....

intentar ....

interés (el) ....

inútil ....

invención (la); inventado, a ....

....

invierno (el) ....

invitar ....

ir ....
izquierda (la); izquierdo, a ....
....
jamás ....
jaula (la) ....
joven (el, la) ....
joya (la) ....
juego (el) ....
juez (el, la) ....
juicio (el) ....
julio ....
junto, a ....
jurar; juramento (el) ....
....
justicia (la); justo, a ....
....
juventud (la) ....
juzgar ....
laberinto (el) ....
labrador, -a (el, la) ....
lado (el) ....
ladrón, -a (el, la) ....
lagartija (la) ....
lágrima (la) ....
lamentarse ....
lámpara (la) ....
lanzar; lanza (la) ....
....
largo, a ....
lascivo, a ....
lecho (el) ....
leer; lectura (la) ....
....
legítimamente ....
legua (la) ....
lejos ....
lengua (la); lenguaje (el) ....
....
lenitivo, a ....
lentamente ....
león, -a (el, la) ....
letra (la) ....
levadizo, a ....
levantar ....
ley (la) ....
liar ....
libertad (la); libertador, -a (el, la) ....
....

libre; libremente ....
....
libro (el) ....
licor (el) ....
ligereza (la) ....
limpiar; limpio, a ....
....
línea (la) ....
litera (la) ....
llama (la) ....
llamar ....
llanura (la) ....
llave (la) ....
llegar ....
lleno, a ....
llevar ....
llorar ....
llover; lluvia (la) ....
....
locura (la); loco, a ....
....
luego ....
lugar (el) ....
lumbre (la) ....
luna (la) ....
luto (el) ....
luz (la) ....
madera (la) ....
madre (la) ....
madrugar ....
magnífico, a ....
mago, a (el, la) ....
mal (el); malo, a; malicia (la); maldecir; maldito, a; maltratar ....
....
....
....
....
manada (la) ....
manchego, a (el, la) ....
mandar ....
manera (la) ....
mano (la) ....
manta (la) ....
mantener ....
manzana (la) ....
mañana ....
mar (el, la) ....

maravilloso, a ....

marido (el) ....

martillo (el) ....

más ....

matar ....

mayor ....

mazo (el) ....

medio, a ....

medroso, a ....

mejor ....

memoria (la) ....

menos; menor ....

....

mentir; mentira (la).............................

....

merced (la) ....

merecer; mérito (el) ....

....

mes (el) ....

mesa (la) ....

meter ....

mezclar ....

miedo (el) ....

mientras ....

mil ....

milagroso, a ....

mínimo, a ....

mirar ....

miserable ....

mismo, a ....

mitad (la) ....

modestia (la) ....

modo (el) ....

mojar ....

molino (el) ....

momento (el) ....

moneda (la) ....

montaña (la) ....

montón (el) ....

morir; muerte (la); mortal; muerto, a ....

....

....

....

moro, a (el, la) ....

mostrar ....

motivo (el) ....

mover ....

mozo, a (el, la) ....

muchacho, a (el, la) ....

mucho, a ....

muestra (la) ....

mujer (la); mujercilla (la) ....

....

mula (la) ....

multitud (la) ....

mundo (el) ....

murmurar ....

muro (el) ....

música (la); músico, a (el, la) ....

....

muy ....

nacer ....

nada; nadie ....

....

nariz (la) ....

naturaleza (la); natural; naturalmente ....

....

necesitar; necesidad (la); necesario, a ....

....

negro, a ....

ni siquiera ....

ninguno, a ....

noble ....

noche (la) ....

nombrar; nombre (el) ....

....

nube (la) ....

nudo (el) ....

nuevo, a ....

nunca ....

obligar; obligación (la) ....

....

ocasión (la) ....

ochenta ....

ocho ....

ocioso, a ....

ocupar ....

ofender; ofensa (la) ....

....

oficio (el) ....

ofrecer ....

oír ....

ojo (el) ....

Tu diccionario

oler; olor (el) ....

olfato (el) ....

olvidar ....

once ....

opinar; opinión (la) ....

oración (la) ....

orden (la) ....

ordenar; ordenado, a..

ordinario, a ....

oreja (la) ....

oriental ....

origen (el) ....

orilla (la) ....

oro (el) ....

osar ....

oscuridad (la); oscuro, a ....

otro, a ....

oveja (la) ....

pacer ....

paciencia (la) ....

pacífico, a ....

padre (el) ....

pagano, a (el, la) ....

pagar; pago (el) ....

paja (la); pajar (el) ....

pájaro (el) ....

palabra (la) ....

paloma (la) ....

palos (los) ....

pan (el) ....

par ....

parar ....

parecer ....

pared (la) ....

parte (la) ....

partir ....

pasajero (el) ....

pasar ....

pasear ....

paso (el) ....

pasta (la) ....

pastor, -a (el, la) ....

pata (la) ....

paternóster (el) ....

patio (el) ....

patria (la) ....

paz (la) ....

pecado (el) ....

pedazo (el) ....

pedir ....

peligro (el); peligroso, a; peligrosísimo, a ....

pena (la) ....

penitencia (la) ....

pensar; pensativo, a; pensamiento (el) ....

peña (la) ....

peor ....

pequeño, a ....

perder ....

perdonar; perdón (el) ....

perezoso, a ....

perfecto, a; perfectamente ....

perla (la) ....

permitir; permiso (el) ....

pero ....

perro, a (el, la) ....

perseguir ....

persona (la) ....

pertenecer ....

perturbar ....

pesar (el); pesarle algo a uno ....

pescado (el) ....

peso (el) ....

picar ....

pie (el) ....

piedra (la) ....

piel (la) ....

pierna (la) ....

pila (la) ....

pintar ....

placer (el) ....

planta (la) ....

plaza (la) ....

pobre; pobremente ....

poco, a ....

poder ....

poesía (la); poeta (el, la) ....

....

policía (el, la) ....

polvo (el); polvareda (la) ....

....

poner ....

porción (la) ....

porfía (la) ....

porque ....

porquero (el) ....

portal (el) ....

posaderas (las) ....

poseer ....

posible ....

postura (la) ....

pozo (el) ....

práctica (la) ....

prado (el) ....

precaución (la) ....

precioso, a ....

preguntar; pregunta (la) ....

....

preocupar; preocupación (la) ....

....

preparar; preparativo (el) ....

....

presentar; presencia (la); presente ....

....

....

preso, a (el, la) ....

prestar ....

pretender ....

prevalecer ....

primero, a ....

príncipe, princesa (el, la) ....

....

principal ....

principio (el) ....

prisa (la) ....

prisión (la); prisionero, a (el, la) ....

....

privilegio (el) ....

probar ....

problema (el) ....

procurar ....

producir ....

proeza (la) ....

profecía (la); profeta (el) ....

....

profesión (la) ....

profundo, a ....

prohibir ....

prometer; promesa (la) ....

....

pronosticar ....

pronto; pronto, a ....

propietario, a (el, la) ....

propio, a ....

proponer ....

propósito (el) ....

proseguir ....

protege; protección (la) ....

....

provocar ....

proyecto (el) ....

prudencia (la) ....

prueba (la) ....

pueblo (el) ....

puente (el) ....

puerco, a (el, la) ....

puerta (la) ....

puerto (el) ....

pues ....

puñada (la) ....

puñado (el) ....

punta (la) ....

punto (el) ....

puntualidad (la) ....

purísimo, a ....

puta (la) ....

quedar ....

quejar; queja (la) ....

quemar ....

querer; querido, a ....

....

queso (el) ....

quienquiera ....

quince ....

quitar ....

quizá(s) ....

rabia (la) ....

ración (la) ....

rapidez (la); rápido, a; rápidamente ....

rayo (el) ....

razón (la); razonable; razonamiento (el) ....

realidad (la); real ....

realizar ....

rebaño (el) ....

receta (la) ....

recibir ....

recipiente (el) ....

recitar ....

recobrar ....

recoger ....

reconciliar ....

reconocer; reconocimiento (el) ....

recordar; recuerdo (el)...............................

recto, a ....

recuperar ....

refugiarse ....

región (la) ....

rey, reina (el, la); reino (el) ....

reír ....

religión (la); religioso, a (el, la) ....

remedio (el) ....

remover ....

rendirse ....

renunciar ....

reparar; reparador, a (el, la) ....

repetir ....

replicar ....

reposo (el) ....

república (la) ....

reserva (la) ....

resistente ....

resolución (la) ....

respetar ....

respirar ....

responder ....

responsable (el) ....

respuesta (la) ....

resucitar ....

retirar ....

retrato (el) ....

reunir; reunido, a ....

revelar ....

revés (el) ....

riqueza (la); rico, a ....

ridículo, a ....

rienda (la) ....

riguroso, a ....

rincón (el) ....

río (el) ....

risa (la) ....

robar; robo (el); robado, a; robador (el) ....

robusto, a ....

roca (la) ....

rocín (el) ....

rodar ....

rodilla (la) ....

rogar ....

romance (el) ....

romero (el) ....

romper; roto, a ....

ropa (la) ....

rosa (la) ....

rostro (el) ....

ruido (el) ....

ruina (la) ....

rural ....

rústico, a ....

saber; sabio, a (el, la) ....

sabor (el) ....

sacar ....

sacerdote (el) ....

sacrilegio (el) ....

sacudir ....

sal (la) ....

salario (el) ....

salir ....

saltar ....

salud (la) ....

salvar; salvo, a ....

....

salvo ....

sanar; sano, a ....

....

sangre (la) ....

santo, a ....

satisfacer; satisfacción (la); satisfecho, a ....

....

....

....

secar; seco, a ....

....

secreto, a ....

sed (la) ....

seda (la) ....

seguir ....

según ....

segundo, a ....

seguridad (la); seguro,a ....

....

seis ....

semana (la) ....

sencillez (la); sencillamente ....

....

sentar; sentado, a ....

....

sentido (el) ....

sentir ....

señal (la) ....

señor, a (el, la) ....

separar ....

sepultura (la) ....

ser ....

servir; servicio (el); servidor (el) ....

....

siempre ....

sierra (la) ....

siesta (la) ....

siete ....

siglo (el) ....

significado (el); significativo, a ....

....

siguiente ....

silbato (el) ....

silencio (el) ....

silla (la) ....

simple ....

singular ....

sino ....

sinvergüenza (el, la) ....

sitio (el) ....

situación (la) ....

sobrino, a (el, la) ....

socorrer ....

sol (el) ....

solamente ....

soler ....

solicitar; solicitud (la) ....

....

sólo ....

solo, a ....

soltar ....

sombra (la) ....

sombrero (el) ....

sonoro, a ....

soñar ....

soportar ....

sorpresa (la); sorprender(se) ....

....

sospechar ....

suave ....

subir ....

subsistir ....

suceder ....

sudar; sudor (el) ....

....

suelo (el) ....

sueño (el) ....

suerte (la) ....

suficiente ....

sufrir ....

sujeto, a ....

suplicar ....

suspirar; suspiro (el) ....

....

tacto (el) ....

tal ....

también ....

tambor (el) ....

tampoco ....

tanto, a ....

tela (la) ....

temer; temeroso, a; temor (el) ....

....

temprano ....

tender ....

tener ....

tentativa (la) ....

terminar ....

terrible ....

tesoro (el) ....

testamento (el) ....

testimonio (el) ....

tiempo (el) ....

tientas (a) ....

tierra (a) ....

tinto ....

tío, a (el, la) ....

tirar ....

titubear ....

titularse; título (el) ....

....

tocar ....

todavía ....

todo, a ....

tomar ....

tono (el) ....

tontería (la) ....

tornar ....

torre (la) ....

trabajar; trabajo (el) ....

....

traer ....

tragedia (la) ....

trago (el) ....

traicionar; traidor (el) ....

....

tranquilo, a; tranquilamente ....

....

transformar; transformación (la) ....

....

transparente ....

transportar ....

tratar ....

través (la) ....

treinta ....

trenza (la) ....

tres ....

tribunal (el) ....

trigo (el) ....

tripa (la) ....

triste ....

trompeta (la) ....

tronco (el) ....

trono (el) ....

tropa (la) ....

tropezar ....

trozo (el) ....

trucha (la); truchuela (la) ....

tubo (el) ....

tuerto, a ....

turbado, a ....

último, a ....

ungüento (el) ....

único, a ....

usurpar ....

útil ....

valer, valor (el) ....

....

valeroso, a ....

valle (el) ....

vapor (el) ....

vecino, a ....

vehemencia (la) ....

veinte ....

vela (la) ....

velar ....

vencer; vencedor, a (el, la) ....

....

vender ....

venerable ....

vengar; venganza (la) ....

....

venidero, a ....

venir; venida (la) ....

....

venta (la); ventero, a (el, la) ....

....

ventana (la) ....

venturoso, a ....

ver ....

verano (el) ....

verdad (la); verdadero, a ....

....

verde ....

verso (el) ....

vestir; vestido (el) ....

....

vez (la) ....

víctima (la) ....

victoria (la) ....

vida (la) ....

vidrio (el) ....

viejo, a (el, la) ....

viento (el) ....

viernes (el) ....

vil ....

villano, a (el, la) ....

violentísimo, a ....

virtud (la) ....

visera (la) ....

visión (la); vista (la) ....

....

visitar ....

viudo, a (el, la) ....

vivir; vivo, a ....

....

vizcaíno, a ....

volar ....

voluntad (la) ....

volver; vuelta (la) ....

....

....

vomitar ....

voto (el) ....

voz (la) ....

yegua (la) ....

Guía de comprensión lectora.

1 ¿Cómo se explica que don Quijote vino a perder el juicio?...
....

2 ¿Cuáles son los elementos de la realidad que le permiten a don Quijote transformar en su imaginación la venta en castillo?...............
....

3 Analice y comente usted la personalidad del ventero...
....

4 ¿En qué es metafórico y crítico de la sociedad en que vivía Cervantes el episodio de Andrés azotado por su amo? ....
....

5 ¿Por qué no queman el cura y el barbero todos los libros de don Quijote?, ¿cómo justifican su selección?................................
....

6 ¿En las acciones de Sancho Panza, qué nos señala que, en cierto punto, comparte la locura de su amo?................................
....

7 ¿Qué visión de la mujer nos propone don Quijote en su elogio de la Edad de Oro?...
....

8 ¿Qué elementos del relato dan un tono burlesco a la escena norcturna entre Maritornes, don Quijote, Sancho Panza y el arriero? ....
....

9 ¿Qué argumentos desarrolla don Quijote para no pagar lo que debe al ventero?...
....

10 ¿Qué argumentos utiliza don Quijote para convencer a Sancho Panza de que ha atacado realmente ejércitos y no rebaños de corderos? ....
....

11 ¿Qué motivos tiene Sancho para llamar a don Quijote el Caballero de la Triste Figura? ....
....

12 ¿Qué era en realidad y a quién pertenecía el yelmo de Mambrino?..
....

13 ¿Cómo se justificaría en el episodio de los galeotes, el dicho de don Quijote: «El hacer bien a villanos es echar agua en la mar»? ....
....

14 ¿Qué beneficios espera don Quijote de su penitencia en la sierra?...
....

15 ¿Qué ardid inventan el cura y el barbero para sacar a don Quijote de su inútil penitencia?..
....

16 ¿Por qué don Quijote se deja llevar tan fácilmente en una jaula?..
....

Escribe tu ficha RESUMEN